観光経営学入門

INTRODUCTION TO
TOURISM AND HOSPITALITY
MANAGEMENT

編著
千葉千枝子

共著
朝倉はるみ・小熊　　仁
金　　世煥・黒羽　義典
齊藤　　彰・白井　昭彦
全　　相鎭・永井　恵一
堀木　美告・吉田　雅也

建帛社
KENPAKUSHA

はじめに

　観光学は若い学問である。社会科学の系統分野にあるが，その研究の歴史は浅く，学際的な領域ともいえる。観光を研究するには，民俗や歴史，地理，文化，さらには建築土木や都市工学，造園学，心理学などからのアプローチもある。また，近年では，数理・データサイエンスや生成 AI など ICT の知識・技術も重要になっており，観光分野における理系人材の獲得・輩出も必須のテーマである。特筆すべきは，経営学をはじめ商学や経済学といった学問領域との連関が欠かせない点にある。このように観光は，さまざまな学問と密接に関わり合い，それぞれにせめぎ合っているのである。こうした学術的な要素を背景に本書は，「観光経営学」の入門書として編集している。

　観光庁は 2017（平成 29）年度から観光教育に取り組み始め，2018（平成 30）年告示の高等学校学習指導要領の改訂で，高校の商業科に 2022（令和 4）年度から新たに「観光ビジネス」科目が導入された。この観光ビジネスという言葉に代表されるように，観光学と経営学の融合は，今後もさらに深化していくことだろう。

　ツーリズム・インダストリー（観光産業）には，旅行業や交通運輸業，宿泊業，レジャー産業やブライダル産業など，数多の業種がある。その裾野は広く，かつ外縁を広げており，私たちの社会経済に多くの恩恵をもたらしている。それは産業界のみならず，受け入れる地域の側においても同様で，観光政策の立案や実際の観光行政には，観光計画の知識および観光地経営の視座が求められる。さらには，誰ひとり取り残されない社会の構築に向けてユニバーサルツーリズムへの取り組みが加速しており，国際的な時事にも明るくなくてはならない。これらの知識を網羅した一冊を，観光研究の第一線で活躍する執筆陣でまとめ上げたのが本書の特徴である。

　わが国がめざす「観光立国」の実現には，観光マネジメント人材（観光経営人材）の育成が喫緊の課題である。観光の職に就いたとき，社会人としての第一歩は現場からのスタートになるのが通例だ。現場では，机上における知識だけでは通用しない事象にも遭遇することだろう。語学力はもちろん，高度なコミュニケーション能力やチームワーク力，そして高いホスピタリティ精神や「利他共生」の心も求められる。月日を重ねて現場での研鑽を積み，やがてマネジメント候補生として次なるステージで活躍するとき，本書における観光経営の基礎知識は必ずや役に立つはずだ。

　「ヒトやモノが動けば，カネが動く」というのは経済学の原理原則だが，経営学においては，この「ヒト・モノ・カネ」に，さらに「情報」が加わり，それらを経営資源と呼んでいる。企業が最大効果を生むためには，こうした経営資源を最適配分して効率的に活用し，リスク管理を徹底させることが重要で，それをマネジメントという。

　あなたが将来，観光産業や自治体，地域等でマネジメントをする側に立ったときのことを思い描いてほしい。簿記・会計の知識をもって財務を管理することになるかもしれない。ど

i

うやったら自社の商品やサービスが売れるのか，マーケティングや消費者行動における学術的な知識も必要になってくるだろう。これらの例からも，観光と経営のそれぞれを学ぶことの重要性と，その意義を理解できるだろう。

観光は，世界最大のサービス業といわれる。かつて「ものづくり大国」と呼ばれたわが国・日本が，「観光立国」をめざすようになって久しいが，観光経営人材の育成は緒に就いたばかりである。そもそも観光産業は，天変地異や戦争，テロなどの争乱，疫病の影響を受けやすく，また，経済危機や為替の変動にも左右されやすいため脆弱性が高い。そうした特異な産業を，日本の基幹産業に押し上げるためには，現場をマネジメントできる力を涵養することが重要であると筆者は考える。

観光にはライバルがつきものだ。観光地の地域間競争は日々，激しさを増しているし，観光における国際競争力は一朝一夕には培うことができない。観光産業に従事したいと望んでいる若い読者の皆さんには，英知をもって日本の観光立国実現に寄与・貢献できるよう，毎日を切磋琢磨してもらいたい。

本書の出版にあたっては，建帛社の筑紫和男社長ならびに編集部の方々に大変お世話になった。内容の精査や調整にあたって，辛抱強くご対応いただき，多大なるお力添えを賜った。共著者を代表して，この場をお借りして深く御礼申し上げたい。

本書は，シラバス（授業計画）でいう事前学習・事後学習にも対応したつくりとなっている。これから観光経営を学ぼうとする人，はたまた教壇で観光ビジネス科目を教える教員の方々にとって座右の書となることを祈念する。

2024 年 8 月

編著者　千葉　千枝子

目　次

序　章　観光とその効果

1　観光とツーリズム ……………………………………………………… 1
　（1）旅と観光―「観光」とは―／1
　（2）観光の語源とツーリズム／1
　（3）観光の意義と観光産業／2
2　観光がもたらす効果―メリット・デメリット― ……………………… 2

第1章　観光の経営学

1　企業と経営 ……………………………………………………………… 5
2　経営学の定義と区分 …………………………………………………… 5
3　企業理念の定義と理解 ………………………………………………… 6
4　経営学における企業経営の概念 ……………………………………… 6
5　観光における消費者の購買決定要因 ………………………………… 7
6　サービス商品としての観光 …………………………………………… 9
7　顧客価値とサービス・エンカウンター …………………………… 10

第2章　旅　行　業

1　旅行業とは …………………………………………………………… 13
　（1）旅行業とは／13
　（2）旅行業の仕組み／13
2　旅行業の役割 ………………………………………………………… 14
　（1）消費者の側からみた旅行業の役割／14
　（2）サプライヤーの側からみた旅行業の役割／15
3　旅行業の歴史 ………………………………………………………… 16
　（1）旅　の　原　型／16
　（2）近代の旅行業／17
　（3）戦後から現代までの旅行業／18
4　旅行業の商品と種別 ………………………………………………… 19
　（1）旅行業の商品／19

iii

目　次

（2）旅行業の種別／20

（3）旅行業の機能と仕組み／20

　　コラム①　観光資源としての祭り―よさこい（YOSAKOI）系の事例―／22

第3章　交通運輸業

1　航空業と空港運営 ……………………………………………………………… 23

（1）航空業とは／23

（2）空港経営／26

2　鉄　道　業 …………………………………………………………………… 27

（1）鉄道の役割／27

（2）鉄道業の歴史／28

（3）日本の鉄道事業／29

3　旅客自動車運送事業 …………………………………………………………… 32

（1）旅客自動車運送事業の現状／32

（2）観光における旅客自動車運送事業の役割／33

（3）旅客自動車運送事業の新たな取り組み― MaaS の活用―／36

（4）ま　と　め／37

第4章　宿　泊　業

1　旅館業法と宿泊施設の定義 …………………………………………………… 39

（1）宿泊施設の分類と定義／39

（2）旅館業法の変遷／39

2　旅館ビジネス ………………………………………………………………… 40

（1）旅館の種類と特徴／40

（2）旅館とホテルの差異／40

3　ホテルビジネス ……………………………………………………………… 41

（1）ホテルの種類と特徴／41

（2）ホテルの役割／42

（3）ホテルの仕事／43

4　宿泊業の魅力 ………………………………………………………………… 46

第5章　レジャー産業

1　レジャー産業とレジャー施設事業の位置づけ ……………………………… 49

（1）レジャーの多様性と産業としての広がり／49

（2）レジャー施設の位置づけと施設タイプ／50

iv

目　次

2　主な施設にみるレジャー産業の歴史 ……………………………………………… 52

（1）テーマパーク，遊園地の歴史／52

（2）動物園，植物園，水族館の歴史／54

（3）博物館・美術館（ミュージアム）の歴史／55

（4）日帰り温浴施設の歴史／55

3　レジャー施設の事業特性と今後の方向性 ……………………………………… 57

（1）レジャー施設の事業サイクル／57

（2）レジャー施設の事業ポイント／57

（3）レジャー施設経営の将来／59

第6章　ブライダル産業

1　近年のブライダル ……………………………………………………………………… 61

（1）結婚式の歴史／61

（2）近年の結婚式／63

2　ブライダル産業 ………………………………………………………………………… 65

（1）ブライダル産業と市場／65

（2）ブライダル商品の特性／66

（3）ブライダルの会場／66

（4）ブライダルの業種／67

（5）ブライダル業界が抱える課題／68

3　ブライダルコーディネーターの業務 …………………………………………… 70

（1）ブライダルコーディネーターとは／70

（2）ブライダルコーディネーターの業務／70

第7章　観光とマーケティング

1　観光マーケティングとは …………………………………………………………… 71

（1）観光マーケティングの定義と目標／71

（2）ニーズとウォンツ／72

2　シティホテルのコーヒーはなぜ高いのか …………………………………… 72

（1）コーヒーの値段の違い—コンビニエンスストアとシティホテルの比較—／72

（2）シティホテルに求められる経験価値／73

3　ブランドとパーパス ………………………………………………………………… 74

（1）ブランドとは／74

（2）強いブランドを築くために／74

（3）パーパスの重要性／75

4　リレーションシップ・マーケティング ……………………………………… 75

（1）カスタマー・リレーションシップ・マネジメント（CRM）／75

v

目　次

（2）感動体験によるファンの獲得／76

5　マーケティング戦略 ……………………………………………………… 76

（1）マーケティングのフレームワーク／76

（2）マーケティング環境分析とSTP／77

（3）マーケティング・ミックス（4Ps/7Ps）／78

6　ま　と　め ………………………………………………………………… 79

第8章　観光計画

1　観光計画の位置づけと役割 ……………………………………………… 81

（1）地域の計画としての観光計画／81

（2）観光計画の役割と必要性／81

（3）観光計画の分類／83

2　計画策定の流れと計画の構成 …………………………………………… 85

（1）地域の現在の姿を正しく把握する／86

（2）地域の理想の姿を明確化し共有する／87

（3）将来像実現のための道筋を描く／89

3　今後の観光計画に求められる視点 ……………………………………… 89

（1）持続可能な観光／89

（2）まちづくりと融合した観光／89

（3）複合的な地域課題を解決する観光／91

コラム②　観光と健康―ハイキング・登山のすすめ―／92

第9章　観光地経営

1　企業と経営 ………………………………………………………………… 93

2　観光地と観光地経営 ……………………………………………………… 93

（1）観光地の持続的な発展／94

（2）一定の方針（ビジョン）／94

（3）観光地を構成する経営資源とさまざまな推進主体／94

（4）一連の組織的活動／95

3　観光地経営の新たな司令塔― DMO ― ……………………………… 95

4　観光地経営の具体的活動 ………………………………………………… 96

（1）観光地の現状把握／96

（2）観光資源の見直し，保存と活用の両立／97

（3）ターゲットを絞った誘客活動の展開／98

（4）観光財源の確保／98

（5）観光地の危機管理（リスクマネジメント）／99

目　次

第10章　観光政策と観光行政

1　観 光 政 策 ……………………………………………………………… 101
（1）観光政策とは／101
（2）政府による観光政策の取り組み／102
（3）観光政策の展開／104
（4）ま　と　め／104

2　観 光 行 政 ……………………………………………………………… 106
（1）観光行政とは／106
（2）観光行政のタテの広がり／106
（3）観光行政のヨコの広がりとパートナーシップ／109

第11章　ユニバーサルツーリズム

1　ユニバーサルツーリズム ……………………………………………… 111
（1）ユニバーサルツーリズムとは／111
（2）多様な旅行者／112
（3）ユニバーサルツーリズムの取り組み理由／112
（4）ユニバーサルツーリズムの効果／113
（5）日本におけるユニバーサルツーリズム／113
（6）海外のアクセシブルツーリズム／114

2　ユニバーサルデザイン …………………………………………………… 115
（1）ユニバーサルデザインとは／115
（2）ユニバーサルデザインとバリアフリーの違い／115
（3）バリアとは／116
（4）バリアフリー／116

3　障がいの社会モデル ……………………………………………………… 118
（1）ユニバーサルツーリズムの基本的な考え方／118
（2）障害者権利条約／118
（3）わが国における関連法規・行動計画／118

第12章　国際関係と国際観光

1　国際関係と国際観光 ……………………………………………………… 121
（1）観光と国際関係／121
（2）国際観光の意味と重要性／122

2　国際観光と旅行収支 ……………………………………………………… 122
（1）国際観光が発展した背景／122

vii

目　次

（2）国際観光収支とインバウンド・アウトバウンド／122

3　日本のインバウンド誘致の歴史 ………………………………………… 123

（1）明治時代に始まったインバウンド誘致／123

（2）昭和から平成へアウトバウンド偏重からの転換／123

（3）観光立国へ向けてインバウンド隆盛の時代に／124

4　インバウンド増加の背景とオーバーツーリズム ……………………… 124

（1）インバウンド増加の背景／124

（2）オーバーツーリズム問題／125

5　JNTO が展開するマーケティング戦略 ………………………………… 125

6　国際観光の発展と阻害要因 ……………………………………………… 126

（1）政治的要因／126

（2）経済的要因／127

（3）社会・文化的要因／127

（4）自然的要因／127

7　持続可能な観光と ESG 観光経営 ……………………………………… 128

終　章　新たな観光の潮流と人材育成

1　アジア大交流時代とニューツーリズム ………………………………… 129

（1）観光ビッグバンとアジア大交流時代／129

（2）ニューツーリズムとこれからの日本の観光／129

2　ミクロとマクロの視点で観光経営を考える …………………………… 130

3　求められる観光マネジメント人材像とは ……………………………… 131

引用・参考文献一覧 …………………………………………………………… 133

索　引……………………………………………………………………………… 137

序　章　観光とその効果

1 観光とツーリズム

(1) 旅と観光—「観光」とは—

　私たちは，豊かで楽しく充実した人生を送るために，友人や家族らと余暇時間を費やして旅に出かける。私たちにとって旅行とは，日ごろ触れることができないモノや祭りなどの事象（コト）を見るため当地に赴き，その土地ならではの食を味わい，日常では経験できない交流や体験をすることをさす。人との触れ合いや新しい発見があり，学びや遊びも旅の要素である。その結果，これまで得たことのない満足感や感動が生まれ，私たちは旅の虜になる。

　旅行を英語でトラベル（travel）やトリップ（trip）と言い，出張など業務を目的とした商用旅行のことをビジネス・トラベルやビジネス・トリップ（business travel/trip）と呼んでいる。

　観光は，これら旅の概念をさらに広げて解釈する。例えば，日常生活圏を離れていながら，キッチン付きの宿で暮らすように旅をしたり，海外旅行をしたりするアウトバウンド（outbound）や，インバウンド（inbound）と呼ばれる訪日旅行も含まれる。現代社会において，これら双方向の観光行動が活発化し，かつ外縁を広げているのである。

　観光を英語でツーリズム（tourism）と呼ぶ。ツーリズムとは，円を描くようにぐるぐると廻ることを意味するラテン語を語源としている。陶芸で用いる「ろくろ」を想像するとよい。皆さんがよく耳にするツアー（tour）に，接尾語のイズム（-ism）が付いている。

　ツーリズムの本来の意味は複数ある。単に観光のみならず，観光事業や観光行動，観光現象なども含まれる。日本では，文明開化の明治時代から大正時代にかけてツーリズムを観光と訳すようになり，戦後，海外渡航自由化（1964（昭和39）年）で海外旅行客が増えたことで，観光という言葉の捉え方がツーリズムに一層，寄ることになった。

(2) 観光の語源とツーリズム

　観光の語源は諸説あるが，古代中国の四経五典の一つで占い本の「易経」に記された「觀國之光　利用賓于王」の句に由来するとされる。現代訳にすると，「国の光を観る。それによって王を賓するに利し」となる。このように，国の光となるものを大切な賓客に観てもらうことが観光の語源になっている。それも単なる物見遊山ではなく，きらりと光るものを示して魅せることが重要なのである。ここでいう物見遊山は「見る」行為であり，英語ではサイトシーイング（sightseeing）といって区別している。

序 章　観光とその効果

　長期休暇を意味する言葉として，フランス語のバカンス（vacances）や英語のバケーション（vacation）がある。観光行動を類別すると，「周遊型観光」と「滞在型観光」の2つに大別できる。前者は，まさにぐるぐる廻ることをさす。後者は，バカンスやバケーションを利用してリゾート（resort）に滞在するといった観光行動がみられる。近年，訪日旅行者の多くは，日本国内の民泊施設等を活用して，長期滞在をしながら観光をしている。また，日帰り旅行に多い観光行動として，レクリエーション（recreation）という言葉がある。昭和時代以降，和製英語として，よく用いられるようになった。

　観光およびツーリズムには，これら観光行動が包摂されている。こうしたすべてが広義での観光であり，ツーリズムといえるのである。

（3）観光の意義と観光産業

　観光は，経済的な条件や社会情勢と深く関わり合っている。ひとたび世界で戦争やテロ，疫病などの社会的不安が生じると，人々は移動を控え，特に不要不急の旅行を取り止める。平和であってこそ成り立つため，観光産業は「平和産業」と呼ばれることもある。

　しかしながら近年は，観光の意義や効果は外縁を広げている。例えば，災害に見舞われた被災地へ自分単独では行きづらいが，ボランティアツアーなら行きやすい。ボランティアの語源は「志願する人」である。有志を集めたツアーを旅行会社が提供することで，被災地へとボランティアを送り込み，当地の復興を促しているのである。

　また，観光産業は裾野が広いといわれる。産業を英語でインダストリー（industry）というが，観光はまさに日本の基幹産業としての歩みを進める途上にある。

　ホテルや旅館に泊まるのであれば，客室準備をする人や予約係，厨房で働く料理人などがいる。洗い立てのシーツやタオルを納入するリネン業者やクリーニング店も含まれる。ハネムーンを手配する旅行会社は，海外挙式を手伝うウエディング会社や衣装店と連携する。旅行ガイドブックを編集する出版社には，編集者やライター，カメラマンがいる。このように観光は，さまざまな産業と密接に関わり合い，その経済的効果は計り知れない。

　わが国では1963（昭和38）年に観光基本法が，また2007（平成19）年には，観光基本法の全部改正による観光立国推進基本法が施行され，観光旅行者の来訪および滞在の促進や接遇に関する教育の機会の提供などが法に盛り込まれた。

2　観光がもたらす効果—メリット・デメリット—

　観光には，さまざまな効果がある。まず，個人にもたらす効果としては，日常のストレスを忘れさせて，精神的・肉体的な開放感を与えてくれる。ときに「癒し」となり，自己免疫力を高めるなどの身体的効果もみられる。歴史的な名所・旧跡を観て周ることで知的好奇心が刺激され，雄大な自然や異文化，人々の営みなどを知ることができ，相互理解を促すことができる。さらに，同行者との共通の体験や感動の共有から，コミュニケーションが密になり，「絆」が深まるのである。

2

2 観光がもたらす効果—メリット・デメリット—

　観光は，地域にもさまざまな効果をもたらす。観光を通した地域振興で，地域が活性化され元気になる。地域資源を活用した観光まちづくりは，当地における持続可能性を見出して，活力に富んだ地域形成に大いに役立つのである。

　観光による交流人口の増大は，経済的効果が特に著しい。観光には，消費行動がつきものである。目的地で観光客がお金を遣うこと，すなわち消費は，その土地の所得となる。そのため，地域が観光振興をすることによって，①所得の創出，②雇用の創出，③税収の増加，という3つの効果がみられる。

　観光で消費することを「観光消費」，ないしは旅行消費と呼んでいる。外国人であれば，外貨を持参して日本円に両替したうえで，日本国内で消費する。日本製品を購入して自国へと持ち帰るのは「輸出」と同じ効果をもち，日本は外貨を獲得できる。また，私たちが海外旅行をした先で，化粧品や衣料，土産品などを買って帰る行為は，「輸入」と同じである。これらの観光消費がそのまま経済的効果となり，地域や観光産業従事者の所得につながっていくのである。

　観光事業のことを近年，わかりやすく「観光ビジネス」と呼んでいる。ビジネス機会が拡大することで雇用の創出効果が認められ，賃金の上昇にもつながる。観光ビジネスの多くは接客業務を伴うことから，マナーや語学力だけでなく，コミュニケーション能力やマネジメント能力も問われる。

　さらに，ホテル税や入湯税，入域税，空港税などの税収効果を期待することができる。これらを包括して「観光税」と呼んでいる。国や自治体の税収が増えることで，ハード面での整備やプロモーション費用などの恩恵をもたらしている。外国人観光客は，日本での消費において原則，消費税が免税される。とはいえ，本体価格での購入が製造業などの企業業績を押し上げ，結果として経済が循環するのである。ちなみに日本にはチップの制度はないが，お世話になった御礼でホテルマンや添乗員が「心付け」を受け取ることもある。また，宿泊施設などが一律で，「サービス料」として収受する。

　しかし，観光による弊害もある。例えば地域によっては，穏やかな暮らしを脅かすオーバーツーリズムや観光公害を是正する必要性があり，入域の適正値を考察することが喫緊の課題になっている。

序　章　観光とその効果

「桜」が観光資源となり，多くの観光客が訪れる弘前公園（青森）

交通量が多くオーバーツーリズムが懸念される小江戸・川越（埼玉）

観光関連産業が州経済を支える世界有数のリゾート地・ハワイ（アメリカ）

（画像提供：千葉千枝子・黒羽義典）

第1章 観光の経営学

ポイント
- 企業の目的は株主への還元だけではなく，利用者や顧客にいかに便益が提供できるかが重要である。
- 観光における消費者の購買行動に影響を及ぼすさまざまな要因を理解することが大切である。
- 観光産業が生み出す種々のサービス商品は，顧客価値とサービス・エンカウンターの管理が求められる。

1 企業と経営

　企業とは何かと問われたら，利益の追求（営利）を目的に，人々の生活に役立つ製品ないしは商品，サービスを生産する経済主体と答えるかもしれない。例えば，自動車会社は車を生産しているが，同時に「移動する体験」を消費者に提供している。コンビニエンスストアでは，商品やサービスといった「便益」を販売しているともいえ，単に"モノ"を売るだけにとどまらない。

　重要なポイントは，消費者あるいは顧客に対して，いかに便益（ベネフィット）が提供できるかという点である。当然ながら企業は，株主に還元するために利益を追求しなければならない。それと同時に，消費者あるいは顧客が払った"カネ"に対して，それに相当するか，それ以上の価値（バリュー）を届けることも重要である。企業が継続的に成長し続けるためには，企業価値を高めていく必要があり，企業価値の構築や持続可能な経営を確約するための方法論として経営学が存在するのである。

2 経営学の定義と区分

　経営学とは，企業や組織を対象に，効率的・効果的な運営管理方法について研究する学問である。主に「組織行動」と「企業戦略」を礎に，会社の全般的な経営について研究する学問である。

　組織行動とは，業務環境，労働生産性，人事管理，動機付け，職務監督，ビジネスリーダーシップ，グループ問題の解決など，ミクロ的な分野で企業の内部を管理するものである。

　また，企業戦略とは，ビジネスモデルの企画・立案，財務，マーケティング，営業，顧客管理など，マクロ的な分野で企業の外部を管理するものである。

　経営学は，他の学問とも深い関連性をもつ。経済学や行政学，社会学（国際経営論，マクロ

第1章　観光の経営学

組織論等），心理学（消費者行動論や組織行動論等），統計学，法学（商法，税法，労働法など），産業工学（生産管理等），政治学（企業倫理，経営哲学等）が代表例である。

観光学は社会学分野であるが，経営学の視座から観光を研究し学ぶことには大きな意義がある。

さて，経営学には，先述した企業戦略のほか，会計，金融・財務，マーケティング，営業，物流，生産管理，サービス管理，購買管理，技術経営，グリーン経営などが含まれる。そのため経営学は，多様な学問を融合させた応用科学ともいえ，異分野融合領域でもある。

3 企業理念の定義と理解

経営者が企業を経営するときの指針に「企業理念」がある。企業理念とは，企業が存在する理由や目的，その活動の基盤となる価値観を明文化して示すものである。そこには「企業の社会的責任（CSR）」や経営姿勢が反映されなくてはならない。

企業理念を「社是」や「社訓」，「経営信条」で表すこともある。英語ではミッション・ステイトメント（mission statement），ないしはコーポレート・フィロソフィ（corporate philosophy）と訳される。

一般的には企業理念を，①ミッション（使命，mission），②ビジョン（志や展望，vision），③バリュー（価値観，value）に大別させる。

企業理念を策定するときの留意点は，次の4点である。

1つ目に，わかりやすいこと。企業のステークホルダー（利害関係者）はもちろん，社内に向けても共有されることから，誰でもわかりやすい表現で明確でなければならない。

2つ目に，理念・概念は，広範囲でかつ普遍的でなくてはならない。経営環境は常に変化するが，最低10年は使用できるものであることが求められる。

3つ目に，多様な価値観を受容していることが求められる。特に，競争環境が急変する今日では，多様な価値観を受け入れることが重要で，それを「ダイバーシティ・エクイティ＆インクルージョン（DE&I）」と呼ぶ。個人の価値観を尊重し，会社内部の少数個性派の人たちもともに，いきいきと働き，成果を出し続けられる組織であるのが望ましい。

最後に，企業の社会的責任を果たせるかが問われる。組織を構成する一員として，多様な活動を通じて一緒に成長していく。すなわち「共生」を強調する。

ただし，あくまでも企業は，利益を追求する組織であることを忘れてはならない。

4 経営学における企業経営の概念

経営学は応用科学であり，融合学であることはすでに述べた。図1-1は，企業経営の概念を表したものである。観光経営においては，その対象となる製品や商品を「観光商品・サービス」に置き換えればよい。

経営過程においては，4つの機能（計画策定・組織編成・指揮・調整）がある（図1-1）。

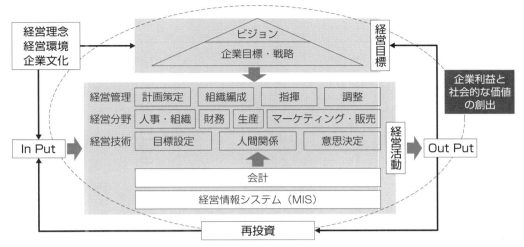

図1-1　企業経営の概念図
(筆者作成)

① 計画策定：組織のビジョンや事業目標を決めたうえで，それらを達成するための事業の方向性を定め，戦略的な判断を下す段階である。その方法としては，実行する期間によって，「戦略的計画（長期計画）」と「戦術的計画（短期計画）」に区分できる。さらに，各部門における具体的な計画「業務計画」がある。

② 組織編成：計画策定の段階で設定した目標を達成できるよう，経営資源「ヒト・モノ・カネ」の配分を効率的・効果的に行う段階である。ここでのポイントは，単なるリソースの分配ではなく，その目的を生産性の向上に置くことにある。

③ 指揮：組織の目標を達成するために，スタッフのモチベーションを高め，彼らの業務態度を変えて向上させていく段階である。指揮は，指示型，コーチング型，サポート型，放任型の4つのスタイルがある。

④ 調整：業務評価モデルである「PDCA サイクル」（P：Plan〔計画〕，D：Do〔実施〕，C：Check〔評価〕，A：Action〔改善〕）を活用して，計画どおりに進んでいるか実施状況の評価を行い，組織の目標を達成できるよう，調整等を加えるプロセスのことである。経営資源「ヒト，モノ，カネ」の再分配のみならず，企業のステークホルダー（利害関係者）にも配慮した業務調整が求められる。

5 観光における消費者の購買決定要因

消費者の購買行動は，次の5つの要因，①文化的（cultural），②社会的（social），③個人的（personal），④心理的（psychological），⑤経済的（economic）に影響される（図1-2）。

一例を挙げよう。「文化的」の項目にある「下位文化」とは，サブカルチャーを意味する。K-POP や韓国ドラマといったサブカルチャーをきっかけに韓国の歴史や文化に興味をもち，

第 1 章　観光の経営学

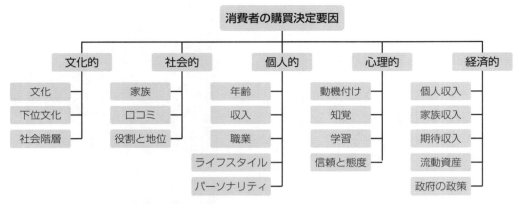

図1-2　消費者の購買行動に影響を及ぼす要因

出典) N. Ramya & S.A. Mohamed Ali, "Factors affecting consumer buying behavior", *International Journal of Applied Research*, 2(10), p.76, 2016.

それが旅行動機につながることが多い。

　初めての韓国旅行なら旅行会社のパッケージツアーを申し込むのが安心である。ご当地グルメや美容などの情報は主にインターネットで収集するだろう。さらに友人や家族，旅行会社など信頼できる情報源を活用して，旅を充実させようとする。また，肯定的な口コミには大きく左右される傾向がある。社会的なつながりが購買行動に影響を及ぼす。

　観光行動における購買決定要因にはさまざまなものがあるが，余暇時間や可処分所得も重要な要因の一つといえよう（表1-1）。

表1-1　観光行動の要因

1. 観光対象の魅力	行きたくなるような観光地，観光資源
2. 価格	観光サービスの価格，代替財の価格，為替レート
3. 余暇時間	休暇日数，連休等の長さ
4. 可処分所得	観光に費やせる金額（予算）
5. 余暇に対する価値観	遠出したい，近場で過ごしたいなど
6. 政治的要因	政治や政策の変化など
7. 文化的要因	宗教，習慣など
8. イメージ・情報	観光地の宣伝広報，イメージ，口コミなど

出典）竹内正人・竹内利江・山田浩之編：入門観光学〔改訂版〕，ミネルヴァ書房，p.31，2024

6 サービス商品としての観光

　近年，「モノ」を買う時代から，体験や交流を中心とした「コト」消費や「トキ」消費へと変化している。ショッピングや食事，宿泊施設の雰囲気などを通して，充実した楽しい時間を費やす。サービスを提供する側の戦略や思いが，より一層，重要性を帯びているのである。つまり消費者は，提供されたベネフィットを購入しているのである。

　商品機能の高度化で，商品本体だけで他社と差別化することが困難な時代になった。企業は，商品に付加されたサービスの品質，あるいはベネフィットに注目をしている。観光においては，このベネフィットを，サービスやホスピタリティに言い換えることができる。ベネフィットは所有権を伴わない。サービスを生産しても，それは必ずしもカタチがある商品には結びつかないのである。

　消費者を対象とした「財」は，財貨（goods）とサービス（services）に大別できる。さらに財は，①有形財，②有形財利用権，③情報，④サービスに4分類できる。

　有形財は物質により構成される財のため，その取引においては所有権の移転が生じる。有形財利用権とは，一定の時間や空間に限定して有形財を利用する権利をさし，レンタカーや航空機の座席，ホテルの客室などが代表例である。一方でサービスは，無形財である。

　観光におけるサービスには，「旅行サービス」や「宿泊サービス」,「交通サービス」,「飲食サービス」,「観光施設サービス」,「ガイドサービス」などがある。これらサービスの特徴をまとめると，①無形性，②品質の異質性・非均一性（誰がいつ，どこで提供されるかによって品質が大きく変わる等），③生産と消費の同時性・不可分性，④消滅性・非貯蔵性（保管したり在庫をもつことができない），さらに⑤需要の変動性の5つが挙げられる。

　消費者は，企業環境のもとでサービスを消費するため，サービス企業の物理的な環境は，最も重要な役割を果たす。サービスの物理的な環境形態は，使用する目的によって，セルフサービス，対人サービス，リモートサービスの3つに分けられる（表1-2）。

表1-2　物理的な環境形態と使用する目的によるサービスの類型

区分／サービス主体	物理的な環境の複雑性	
	高	低
セルフサービス（顧客）	ゴルフ場，スキー場	ATM，チケット販売機，映画館
対人サービス（顧客と従業員）	ホテル，レストラン，ヘルスジム，病院，銀行，航空会社，学校	クリニック，美容室
リモートサービス（従業員）	電気通信事業者,保険会社,各種サービス専門会社	留守番サービス

出典）M.J. Bitner, "Servicescapes : The Impact of Physical Surroundings on Customers and Employees," *Journal of Marketing*, April 56, p.59, 1992. を一部改変

第1章　観光の経営学

7　顧客価値とサービス・エンカウンター

　観光関連の商品の場合，先述のとおり主に無形のサービス商品がメインとなる。そのため商品やサービスの品質を確認して知覚することは容易ではない。ここで重要なのは，関連商品のサービス品質をどのように顧客に知覚させ，その顧客価値を届けるのかである。

　商品機能の高度化で，商品本体だけでの差別化を期待することは，非常に困難な時代になった。企業は，商品に付加されるサービス品質，あるいはベネフィットに注目している。例えば外食サービス業態では，このベネフィットをサービスと言い換えることができる。

　顧客価値とは，顧客（消費者）が「適正」と認める価値（顧客にとっての価値）をさす経営学用語である。企業が顧客に対して提供する製品価値やサービス価値，人材価値，イメージ価値のことをさす。

　ドイツの実業家アルブレヒト（Karl Albrecht, 1920-2014年）は顧客価値を，①基本価値，②期待価値，③願望価値，④予想外価値の4段階に区分して説明している（図1-3）。

　また，アメリカの経営学者コトラー（Philip Kotler, 1931年-）は，コストを価値から分離して，製品価値，サービス価値，人材価値，イメージ価値などのあらゆる価値の総和「総顧客価値」という考え方を用いることが重要と説いた。

　ここで重要なのは，観光関連商品の場合，利用者の経験や事前知識が豊かになった今，期待価値や展望価値だけで真の顧客満足には至らず，さらに上位といえる予想外の価値を提供することで，顧客感動のレベルまで引き上げることができるものといえよう。

顧客価値の分類	判断基準	実際の例	
④予想外 (Unanticipated)価値	期待の水準を超え，喜びや感動を与える価値	・自動車ディーラー（自宅やオフィスまで無料の輸送サービス） ・レストラン（焼き立てのクッキーの無料配布，ウェルカムドリンク）	顧客感動
③願望 (Desired)価値	あれば高く評価する価値	・自動車ディーラー（自動車の手入れ方法に関するアドバイス） ・レストラン（料理を美味しくする特別の味付けの案内） ・ホテル（地域観光に関するツアー情報の提供）	顧客満足 customer satisfaction
②期待 (Expected)価値	顧客が当然視する価値	・自動車ディーラー（自動車の仕様を説明） ・ホテル（レストランやルームサービスの完備） ・通信販売（返品制度）	
①基本 (Basic)価値	取引の基本となる価値	・自動車（正確な組み立てと仕上げ） ・食品（食べられるもの） ・通信販売（カタログ通りの内容）	

図1-3　顧客価値の4段階

資料）カール・アルブレヒト（和田正春・訳）：見えざる真実，日本能率協会マネジメントセンター，pp.167-169，1993より筆者作成

7　顧客価値とサービス・エンカウンター

　日本の「おもてなし」は，いわば顧客感動に近いものと考えられる。だが今後，顧客が抱く期待値は，大量かつ高速な情報収集力によって，予想外の価値の重要性がますます，増すことだろう。他企業に真似されやすいサービスや，特性が低くて差別化が難しいサービスでは，顧客満足度を高めたり，あるいは感動させたりすることは困難である。特にラグジュアリートラベル・マーケット（富裕層旅行市場）では，その傾向が顕著にみられる。

　サービスにおける顧客と従業員・組織の接点，あるいは，その接点における相互作用のことを「サービス・エンカウンター」という。闘牛士が，牛にとどめを刺す瞬間に例えて，「真実の瞬間」とも呼ばれている。スウェーデンの経営コンサルタントであるリチャード・ノーマンが提唱した。従業員が顧客に接する最初のわずか15秒で，その企業の成功が左右されるという。1980年代，このコンセプトを取り入れて経営再建を行ったのがスカンジナビア航空グループである。企業ブランドを決定する真実の瞬間である。

　サービス・エンカウンターは，企業が顧客と接する全ての過程（接点）で発生するといっても過言ではない。

🌐 章のまとめ課題

❶　企業理念の作成例を参考にして，自己理念（＝「座右の銘」）をつくってみよう。

❷　観光関連の商品を一例に，自分だったら何を重視してその商品を購入するのか，理由も併せて記述してみよう。

❸　Z世代にとっての価値とは何なのかを，自分なりにまとめてみよう。

※ Z世代とは，1990年代半ばから2010年代初頭に生まれた世代をさし，デジタルネイティブ，SNSネイティブとも呼ばれる。

第 1 章　観光の経営学

日本経済を支える観光消費。空港内には世界の有名店が軒を連ねる（関西国際空港）。

品質のよい日本製品がインバウンド消費の購買決定要因になっている。

商品そのものだけでなく上質なサービスや顧客感動が消費を促す。

（画像提供：千葉千枝子）

第2章　旅　行　業

> **ポイント**
> ・旅行業がなぜ必要とされるのか，旅行業の役割や仕組みを理解する。
> ・旅をすることが困難だった時代から，一般大衆が自由に旅をデザインできる
> 　ようになった現代までの旅行業の歴史を学ぶ。
> ・旅行業の商品とは何か，商品を企画，造成，販売するためには，どのような
> 　ことが必要かを理解する。

1　旅行業とは

（1）旅行業とは

　旅行業は，消費者に代わって，宿泊施設や交通運輸機関などの予約・手配という旅行業務を，「報酬」を得て行う事業をさす。それが無報酬であれば旅行業とは言わない。

　また，宿泊施設や交通運輸機関などサービスを提供する側（＝供給側）の代わりに，予約の受付や販売を行うことも旅行業務にあたる。供給側には，宿泊施設や交通運輸機関のほか，観光施設（テーマパークや寺社仏閣など）やレストラン，レンタカー会社や土産品店なども含まれる。こうした供給側のことを，「サプライヤー」と呼んでいる。

　旅行会社は，サプライヤーから「販売手数料」という報酬を得ることによって収益を確保する。例えば旅行会社が，バス会社から貸切観光バスを仕入れて宿泊付きのツアー商品を造成して販売をした場合，旅行会社は消費者から報酬を，サプライヤーから販売手数料を得ることができる。ここでいうサプライヤーは，航空会社や鉄道会社，バス・ハイヤー会社，ホテルや旅館などの宿泊施設，さらに立ち寄った観光施設やレストラン，土産品店等がある。

　さらに，旅行相談も重要な旅行業務の一つである。旅行業法によって定められた基準で，旅行会社が消費者から旅程表や旅行見積の作成を依頼された場合，消費者から「旅行業務取扱料金」を得ることができる。

　このように旅行業は，代理や媒介，取次をすることから，旅行代理店と呼ばれることもある。近ごろは代理業務の割合が減っていることから，本書では，旅行業を営む事業者を旅行代理店とせず「旅行会社」と表記する。

（2）旅行業の仕組み

　旅行業は，客室や座席などを自らが所有して消費者に提供するわけではない。消費者とサプライヤーとを仲介するものであり，消費者がより安全で，快適，円滑に旅行を楽しむことができるように，さまざまなサービスを提供するのが旅行業である。これらを自らが所有し

第2章 旅行業

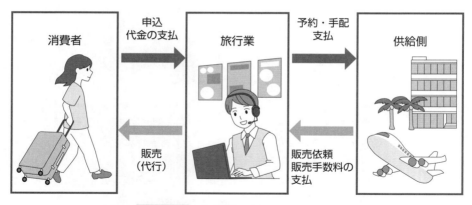

図2-1 旅行業の仕組み（筆者作図）

て提供する場合も，宿泊業や旅客運送業の登録が必要で事業種別が異なるため，複合したサービスの提供には旅行業の登録が必要である。ここでいう「消費者の安全」は，特に大切なキーワードである。旅行業にまつわる法律は，消費者保護の観点にあることを忘れてはならない。

旅行業の働きは，お金の流れをみるとわかりやすい。旅行業は，消費者から宿泊代や交通費などを受け取り，宿泊施設や交通運輸機関などサプライヤーに，その代金を支払う。ただし，サプライヤーと旅行業の間には，一定の販売手数料が定められている。旅行業は，サプライヤーに代わって販売を行っているので，サプライヤーから販売手数料を受け取る。それが旅行業の主な収入源となる（図2-1）。

2 旅行業の役割

インターネットの普及により，私たちは旅行に関するさまざまな情報をいち早く入手でき，自宅で気軽に旅の予約・購入ができるようになった。宿泊予約サイトのほか，ホテルや旅館，鉄道会社や航空会社などが自社のホームページで直販しているため，あえて旅行会社を通さなくても個人で組み立てることができる。そのため旅行業の役割も，大きく変化している。消費者の側，サプライヤーの側，それぞれからみた役割は，次の通りである[1]。

(1) 消費者の側からみた旅行業の役割
1) 安心感

旅行商品の形態によっては，万一のときの補償が備わるなど，消費者の安心・安全が担保されるというメリットがある。これは旅行業法に則り，消費者を保護する仕組みが確立されているからである。旅行の予約・手配で旅行会社を通すのは，現地で事故があったときの諸対応など，危機管理が付加価値となっている。宿泊施設をはじめとするサプライヤーと旅行会社とは，それぞれ個別に契約を結んでいる。それによって品質が保証され，消費者に安心感を与えている。

2）利　便　性

1回の旅行で航空機や鉄道，宿泊施設，レンタカーや観光施設の入場などを複合的に組み合わせる場合，自己手配するよりも，旅行会社を利用することで煩雑な手続きが不要になる。また，添乗員の派遣や，旅券（パスポート）・査証（ビザ）の代理申請も大切な旅行業務の一つである。旅行業は，これらを一括して行えるため利便性が高い。

3）価　格　訴　求

「旅行会社を通すと，費用全体が高くなるのでは」と考える人もいるだろう。だが，収益として見込まれる販売手数料や，大量仕入れ等による特別な割引や報酬が旅行代金に反映され，個人が単体で宿泊や交通を予約・手配するよりも安くなることもある。パッケージツアーのなかでも格安ツアーと呼ばれるものは，こうしたスケールメリットや団体割引の制度を活用して価格訴求をしているのである。

4）信頼できる情報と信用力

なかなか予約が取りづらい人気の観光施設や世界的なスポーツイベントのチケット手配および優先入場は，旅行会社がもつ信頼できる情報や信用力によるものである。それに伴う宿泊や移動交通，食事などを複合的に組み合わせた特別感のある旅行商品の造成は，旅行会社の腕の見せどころともいえる。

さらに，治安が心配で個人では旅がしづらい国・地域への渡航や滞在には，旅行会社のノウハウやネットワークも求められ，それらが信用力となっている。

5）専門的な知識と質の高い人的サービス

旅行会社の店頭での接客やセールス，電話オペレーターは，専門的な知識や豊富な経験をもとに旅行相談や各種手配に対応してくれる。また，旅先では添乗員が旅程管理を行い，さまざまな世話をしてくれる。知らない土地や初めての海外旅行では，特に頼りになる。

こうした人的サービスは，例え AI（人工知能）が発達しても一定の割合で求められる分野といえ，質も問われる。知識をアップデートして経験を積むことで，高付加価値を生む。

(2) サプライヤーの側からみた旅行業の役割

サプライヤーにとっても旅行業は重要なパートナーであり，その役割は大きい。具体的には，次の5点が挙げられる。

1）予約の確実性

インターネット経由の予約はキャンセルされる確率が高いが，旅行会社が店頭やセールスによって予約・手配をした場合のキャンセル率は低く，予約の確実性がサプライヤーにとって一つのメリットになっている。

2）販　路　拡　大

旅行業は，サプライヤーの販路拡大に大きく寄与している。旅行会社が代わりとなって販売してくれることで，自社のみでは販売しきれないマーケットを開拓できる。旅行会社は特定の顧客を有しているため，そうした顧客への販売窓口にもなっている。

第2章　旅　行　業

3）消費者ニーズへの対応

消費者ニーズが多様化するなかで，旅行会社が実施したアンケートの結果などから消費者のニーズを的確にサプライヤー側へと伝え，今後の商品づくりなどに活かすことができる。インターネット上に存在する匿名性の高い口コミとは一線を画しているのも特徴である。

4）利用平準化への取り組み

季節による繁忙期と閑散期，もしくは土曜・日曜・祝日と平日との利用差をなくして，できるだけ平準化することで，サプライヤー側の経営は安定し，従業員の雇用などにも好循環をもたらす。そこで旅行会社が企画して，平日や閑散期にコンサートや花火大会などイベントを実施して，利用平準化に努めるなどの取り組みが行われている。

5）地域経済への貢献

旅行会社の多くは，「発地」と呼ばれる首都圏や大都市で営業をしているのがもっぱらだが，受け入れる地域の側，すなわち「着地」が主体となった観光まちづくりが進んでおり，それらを結びつける役割を旅行業は担っている。地方のサプライヤーと連携した当地ならではの体験メニューの開発などを手助けするなどして，地域経済に貢献をしている。

今では夏の東北の風物詩として知られる「東北三大祭り」（青森ねぶた祭，秋田竿燈まつり，仙台七夕まつり）は，もとはそれぞれの祭りの開催時期がずれていた。それを1回の旅行で観て回ることができるよう旅行会社が提案して，開催時期を重複なく連続させることで，広域での大量集客が実現できた。

3 旅行業の歴史

（1）旅　の　原　型

日本における旅の語源の一つに，「給へ」がある。旅は苦しいもので，日々の食事や寝る場所の確保に施しを乞うなどして命がけだったというものである。今のような"観る・食べる・遊ぶ"の楽しいものではなかったのである。信仰や聖地巡礼は，厳しく険しい旅路がつきものである。そこには案内役を務める者が介在した。

1）世界の旅の原型

旅の原型を紐解くと，宗教と密接な関係があることがわかる。すでに5世紀以降，巡礼者を聖地パレスチナへと船で案内する者が存在した。中心地エルサレムはユダヤ教，キリスト教，イスラム教のそれぞれの聖地で，宗教上，重要な地域で巡礼旅がなされた。1096年から約200年続いた十字軍遠征では，軍人たちの寝食を沿道の住人が「もてなす」という意味でラテン語の「ホスペス」を生み出し，やがてホスピタリティという言葉へと変化した。

サウジアラビアの都市メッカ（マッカ）は，イスラム教を創始した預言者ムハンマドの生誕地で，イスラム教発祥の地である。キリスト教の三大聖地の一つ，スペイン・ガリシア州のサンティアゴ・デ・コンポステーラの巡礼路も同様で，現在は世界遺産に登録されている。

アジアに目を転じると，645年，三蔵法師（正しくは玄奘）が仏典を求めて唐の都・長安（今の西安）から天竺（インド）へと向かった『西遊記』が知られている。そのもととなった

16

『大唐西域記』の描写は，旅の原点ともいえる。

また，もう一つ，シルクロードが挙げられる。中国の絹が，中央アジアを越えてペルシア，小アジア（今のトルコ），ギリシャ，ローマへと運ばれたのは紀元前5世紀頃で，13世紀には貿易商でその名を馳せたマルコポーロが出現する。

時代が変わり18世紀のイギリスでは，貴族の子弟が教養を身に付けるため「ヨーロッパ大陸周遊修学旅行」に出かけた。それを「グランドツアー」という。当時，文化の最先端・フランスで語学を学び，芸術を学びにイタリアに向かった。従者や家庭教師を伴うのが一般的で，滞在の期間は短くて1〜2年，ときには4〜5年に及んだ。古典経済学者のアダム・スミスもグランドツアーに家庭教師として随行した一人であった。

2）日本の旅の原型

わが国では，平安時代にはすでに寺社参拝を目的とした巡礼旅が始まったと記録される。2004（平成16）年に世界遺産に登録された「紀伊山地の霊場と参詣道」の構成資産の歴史からも紐解ける。当時，貴族たちは平安京から約1か月かけて熊野詣をした。また，弘法大師空海によって816年に開山した高野山（和歌山県）への高野詣も同様で，日本の霊場巡礼は旅の原点ともいえる。その高野山と関係が深いのが，お遍路巡礼で知られる四国八十八ヶ所霊場である。今の時代も，先達と呼ばれる案内役が巡礼旅をサポートする。

江戸時代に大流行した「お伊勢参り」は，日本の歴史に残る庶民の旅の代表例である。伊勢神宮（三重県）をめざして東海道五十三次では宿が賑わいをみせ，箱根など周辺温泉地に温泉街が形成された。伊勢詣を手伝う案内役は御師と呼ばれ，当日の宿を案内する用立所が設けられた。

お参りのあと精進落としで精進料理をいただきながら，ときに歌舞伎や遊郭で羽目をはずし，撒き銭（チップのこと）が振る舞われた。今に伝わる，旅立ちで渡される餞別や，御礼と無事帰着を報せる土産の文化が育まれたとされる。

また，富士山をはじめとする山岳信仰の「講」は，現代の団体旅行にも通ずる。講員は，講頭に積立預金をして，何かと物入りな旅の出発に備えた。講にも御師（ここでは「おし」と読む）がいて，宿泊施設での歓待や参拝案内，土産品の手配のほか，全国を行脚して集客も行った。江戸末期になると，安心な宿を選定して協定関係を結ぶなど，現在の旅行業に近い営みをしていたことが明らかになっている。

（2）近代の旅行業

18世紀後半のイギリス産業革命によって蒸気機関が発明されると，鉄道や船舶による旅客輸送が発達して，産業としての旅行業が誕生した。そして日本の旅行業の誕生も，鉄道が開業した明治時代にさかのぼる。

1）旅行業の創始者「トーマス・クック」

旅行業は1841年，産業革命下のイギリスで，トーマス・クック（Thomas Cook, 1808-1892年）が禁酒運動大会に参加する鉄道利用者を対象に列車を貸切り，団体旅行を企画・催行したのが始まりである。鉄道会社に団体割引運賃を交渉して，参加者を募った。軽食の提供サー

ビスなども含まれたことから，現在あるパッケージツアーの原型にもなった。世界で初めて旅行会社を興したことから，トーマス・クックは「近代ツーリズムの祖」と呼ばれる。また，1973年にはヨーロッパの鉄道時刻表「トーマス・クック」が発売され，2013年の廃刊まで，鉄道時刻表を意味する固有名詞にもなった。

イギリス本拠の旅行会社トーマス・クックはコロナ禍前の2019年に破綻したが，中国資本のOTA（オンライン・トラベル・エージェント）として再出発した。

2）日本最古の旅行会社・日本旅行と「喜賓会」が起源のJTB

明治時代の1905（明治38）年，滋賀県の草津駅構内で弁当販売などを営む南新助（みなみしんすけ）（1885-1972年）が，鉄道利用の団体旅行を取り扱う「日本旅行会」を創業した。長野・善光寺への参詣団に始まり，高野山や伊勢神宮，日光を回遊する団体旅行を組み発展を遂げた。その日本旅行会が現在の「株式会社日本旅行」であり，日本最古の旅行会社である。

また，さかのぼること1893（明治26）年，外国人観光客の誘致・接遇を目的に「喜賓会（きひんかい）」が創設され，これが前身となって1912（明治45）年，「ジャパン・ツーリスト・ビューロー」が設立された。戦後，日本交通公社へと改称され，そのとき「ジャパン・トラベル・ビューロー」の英文を併記したことが，現在の「株式会社JTB」の社名の由来になっている。

（3）戦後から現代までの旅行業

日本の通貨「円」は，現在は変動相場制だが，連合国軍総司令部（GHQ）占領下の1949（昭和24）年から高度経済成長期の1971（昭和46）年までは1米ドル360円の固定相場制であった。また，1963（昭和38）年には，国際収支の改善および外国との経済文化の交流促進を目的とした「観光基本法」が制定された。

1）高度経済成長期の旅行業

1964（昭和39）年の海外渡航自由化によって，日本人の海外旅行が解禁された。だが，当時の海外旅行は，まさに高嶺の花だった。さらに東京オリンピックの開催（1964年）に向けて，首都高速道路（1962〔昭和37〕年）や東海道新幹線（1964年）が開通し，国内インフラの整備が進んだ。

翌1965（昭和40）年に日本航空が，日本初の添乗員付きのパッケージツアー商品「ジャルパック」の販売を開始した。その後，為替（かわせ）が変動相場制に移行して海外旅行商品の開発が進み，より大衆が海外旅行へ行きやすくなった。ジェット旅客機の登場で空の移動が高速化され，さらに1970年代にはジャンボジェット機が投入されて，「大量輸送の時代」を迎える。

また，1970（昭和45）年に大阪で日本万国博覧会が開催されたのを機に，国内旅行が国民の暮らしのなかに浸透を始めた。昭和のレジャーブームが到来したのである。

2）バブル経済期の旅行業

1985年，ニューヨークのプラザ・ホテルで，外国為替に関する国際的な取り決め「プラザ合意」が発表された。日本円が強さを増し，1995（平成7）年をピークに円高が進行。日本経済はバブル景気に沸いた。そのため，この時期は海外旅行の取り扱いも爆発的に伸びた。

その頃，航空会社は座席を大量に販売しなければならず，旅行会社に対して団体割引運賃

を提案するようになる。海外旅行のパッケージツアー商品は，かつてない割安感のもと売上を伸ばした。国内旅行もまた，団体旅行が全盛期を迎えた。宴会や会議を伴う大人数での旅行が増加したことから，多くの旅館が増改築を行い大型化した。観光バスが主要観光地をめぐり，土産品店などに送客するなどして手数料収入を伸ばした。

　従業員の海外出張が多い製造業等の異業種が「インハウス」と呼ばれる旅行会社を興し，自社で予約・手配を行うようになった。また，鉄道会社や船舶会社が旅行業に本格参入した。さらには，ランドオペレーター（地上手配会社）やホールセール（卸売）という業態も確立した。

３）平成・令和の旅行業

　21世紀になるとインターネットが台頭をはじめ，実店舗をもたないOTAが勢力を伸ばすようになる。日本人の旅行形態が団体旅行から個人旅行へと変化を遂げると，地方では着地型旅行商品（次頁参照）の開発が進んだ。一方，2001年のアメリカ同時多発テロで，それまで右肩上がりだった海外旅行者数は減少に転じ，以降は一進一退を繰り返した。平成不況には，旅行商品の薄利多売がみられるようになり，新聞広告による「メディア商品」の販売が急伸した。

　2007（平成19）年に「観光立国推進基本法」が制定され，2008（平成20）年に観光庁が設立された。それまで取扱いが少なかった訪日旅行者（インバウンド）に政府目標が示され，国際観光の重要性が増した。査証（ビザ）の緩和やLCC（low cost carrier）格安航空会社の登場などを背景に，インバウンドが急増したことから，異業種からの参入もみられるようになった。双方向での往来が呼びかけられ，2019（令和元）年には日本人の海外旅行者数が初めて2,000万人を突破した。

　2020（令和2）年からの約3年半，新型コロナウイルス感染症が世界的にまん延したことで，旅行業は大きな打撃を受けた。しかし，非旅行業のソリューションビジネスや自治体・官公庁など公務の事業を伸ばして経営の安定化に努めた。

4 旅行業の商品と種別

（1）旅行業の商品

　旅行業の商品は，「手配旅行」と「企画旅行」の2つに大別される。

　手配旅行とは，消費者の個別の依頼に応じて，旅行会社が予約・手配を行う旅行をさす。代理して手配をすることから，旅行業務取扱料金を収受できる。

　企画旅行は，さらに「受注型企画旅行」と「募集型企画旅行」の2つに分けられる。

　受注型企画旅行とは，消費者の依頼に基づいて旅行の計画を企画・立案して，ツアーに仕立てることをさし，修学旅行や職場旅行などが受注型企画旅行にあたる。募集型企画旅行は，旅行会社が主体的にツアーを仕立てて，インターネットやパンフレット，新聞広告等で参加者を募集するものをさし，パッケージツアー商品やパックツアーとも呼ばれる。これら企画旅行には，契約書面どおりにサービスの提供がなされなかった場合の補償制度があり，消費者を保護している。

第2章　旅行業

表2−1　旅行業の種別（区分）と登録業務範囲

旅行業者等の区分		手配旅行	企画旅行		
			受注型	募集型	
				海外	国内
旅行業者	第1種旅行業	○	○	○	○
	第2種旅行業	○	○	×	○
	第3種旅行業	○	○	×	△
	地域限定	△	△	×	△
旅行業者代理業		旅行業者から委託された業務			

※上記のほか，旅行業法の特例で「観光圏内限定旅行業者代理業」がある。
（筆者作成）

（2）旅行業の種別

　旅行業を営業資格別に分類すると，5つの登録区分に大別できる（表2−1）。

　それぞれ基準となる資産額の最低条件などが定められ，旅行業務取扱管理者の選任が必要である。さらに万一，旅行会社が倒産した場合でも一定限度の補償が受けられるよう営業保証金の額が定められている。

（3）旅行業の機能と仕組み

　旅行業には，一般商材の流通経路と同じように，パッケージ商品を造成して卸す「ホールセラー」と，それを小売りする「リテーラー」の旅行会社が存在する。大手旅行会社の多くは，ホールセラーとリテーラーの両機能を併せもち，自社で造成した商品を自らが売っている。それを製販一体型と呼ぶ。ホールセラーが造成したパッケージツアー商品を，違う旅行会社がリテーラーとして代理販売する場合，リテーラーはホールセラーから販売手数料を受け取る。

　現地の地上手配を行うランドオペレーターは，旅行商品の造成において欠かせない存在である。例えば，日本の旅行会社が海外旅行商品を造るとき，その旅行会社に代わって現地の宿泊施設やレストラン，バスや鉄道など交通運輸の手配を行うのがランドオペレーターの役割である。インバウンドの増加によって，海外の旅行会社に代わって国内の地上手配を行うランドオペレーターも増えている。大手旅行会社が別会社や専門部署を設けて業務を担うほか，独立した外資系ランドオペレーターも存在する。ちなみにランドオペレーターは，旅行業登録は原則不要だが，2018（平成30）年の旅行業法改正で「旅行サービス .・手配業」の登録が義務付けられた。

　また，地域の観光協会やDMO（観光地域づくり法人）が旅行業を取得して，当地を訪ねる旅行者に着地型旅行商品を企画・造成，販売を行っている。それまでは，人口が多い「発地」の発想で旅行商品が造成されてきたが，受け入れ側である「着地」が，ご当地ならではの魅

力を商品化することで特別感を提供することができ，地域の活性化につながっている。さらに，現地ツアーやアクティビティに専門特化するOTAも，取扱いを伸ばすようになった。

コロナ禍を機に多くの旅行会社が店舗を閉じて，法人セールスやオンライン販売により注力するようになり，旅行業のあり方にも変化がみられている。

章のまとめ課題

❶ 旅行業のサプライヤーには，どのようなものがあるか列記してみよう。
❷ 消費者に対する旅行業の役割を5点，挙げてみよう。
❸ 手配旅行と企画旅行の違いについて述べよう。
❹ 旅行業の創始者と呼ばれるトーマス・クックの功績を挙げてみよう。
❺ 日本の旅行業の原点について，箇条書きで述べよう。

コラム① 観光資源としての祭り―よさこい（YOSAKOI）系の事例―

　よさこい祭りは，鳴子と呼ばれる木製の鳴り物を手にして踊る祭りをさし，「よさこい鳴子踊り」とも呼ばれています。1954（昭和29）年の夏，南国・土佐の高知市で始まりました。踊りに用いられる楽曲は，土佐民謡「よさこい節」か，それをもとに愛媛県出身の作曲家・武政英策が作曲した「よさこい鳴子踊り」です。これら楽曲の一部を用いることを条件に，編曲・振付・衣装を自由にアレンジしてよいというものでした。この自由さが，ほかの地域の夏祭りにはない魅力となり，全国に広まっていったのです。

　今では，本家本元の高知をしのぐほどの知名度と規模に成長した北海道札幌市の「YOSAKOIソーラン祭り」もその一つ。北海道大学の学生が高知で観たよさこい祭りに感動して札幌で始めたのが起源で，1992（平成4）年から開催されています。こちらは北海道民謡「ソーラン節」をアレンジした楽曲が用いられ，ステージとストリートで各チーム4分30秒という時間制限のなかで演舞します。

　高知も札幌もチームの人数は最大150人とスケールが大きいのが特徴で，ストリート会場での踊りは100メートル前進することになっています。楽曲は，そのほとんどが録音音源を使用。そこに歌手による生歌唱と音頭取りのかけ声が加わります。踊り終わると，1分30秒後に次のチームが踊り始めます。1チームにつき6分間という持ち時間で区切られ，1時間のうち同一会場で10チームが踊れるようになっています。

　このYOSAKOIソーランを全国に知らしめたのが，稚内南中学校の「南中ソーラン」です。男女ともにズボンをはいて脚を左右に大きく開き，重心移動しながらニシン漁の網を引く所作を繰り返します。低姿勢なのでインパクトがあり，「学校ソーラン」として全国の小中学校に広まりました。

　札幌のほか，仙台や名古屋，浜松など全国に伝播したことから，それらの祭りを総称して「よさこい（YOSAKOI）系」と呼ばれることもあります。今では日本全国に200以上，海外にも29あるといわれています。いずれの祭りもオリジナリティにあふれ，披露される踊りも衣装も参加チームも毎年変わるので，"常に変化し続ける"祭りなのが魅力です。

　このようによさこい（YOSAKOI）系は，演舞者はもとより，ミュージシャンや衣装制作者など多くの人がたずさわっています。また，よさこいファンや遠方からの観覧者を受け入れるため，観光事業者（宿泊業や飲食業，旅行業，交通運輸業等）のほかマスコミや行政などを巻き込み，わが国の主要な観光資源の一つになっています。

第3章 交通運輸業

ポイント

- 交通機関は，社会生活や経済発展の基盤となるライフラインの強靱化の観点から，災害に屈しない国土づくりを進めるうえで重要な役割を担う。
- 日本国内の長距離移動としては，500 km以上は新幹線や特急列車などの鉄道，1,000 km以上は航空が過半数を占め，幹線バスは距離帯によらず，1,000 kmまで一定のシェアがある。
- 日本での国際旅客輸送の手段は，航空と船舶に限られるが，シェアとしては航空が圧倒的に多い。
- 国内における1人1 km当たりの二酸化炭素（CO_2）排出量は，自家用乗用車が最も大きく，次いで航空，バス，鉄道の順となっている。
- 地域住民や旅行者の移動の利便性向上や地域の課題解決には，MaaSが重要な手段となる。

1 航空業と空港運営

（1）航空業とは

1）航空運送事業と国際航空運送事業

航空運送事業とは，日本の航空法において，「他人の需要に応じ，航空機を使用して有償で旅客又は貨物を運送する事業」（第2条第18項）と定義されている。また，国際航空運送事業とは，「本邦内の地点と本邦外の地点との間又は本邦外の各地間において行う航空運送事業」（第2条第19項）のことをいう。

「航空機」とは，有人飛行機，ヘリコプター，グライダー，飛行船であり，ドローン，ラジコン機，農薬散布用ヘリコプター等の無人航空機も含まれる。

航空事業は，経済発展の基盤となるライフラインの強靱化の観点から，災害に屈しない国土づくりを進めるうえで重要な役割となっている。

2）航空業の役割

世界はボーダレス化が進み，都市間の国際競争が激しくなるなか，航空は世界の経済発展と国際交流を支える交通機関として定着し，発展してきた。そして，日本においては，国内線ネットワークの拡充と利便性向上により，地域経済への波及効果による地域活性化の基盤として，地域間交流が拡大し，国内観光を振興することが可能となっている。また，国際線ネットワークの拡充と利便性向上により，国および産業の国際競争力向上のための基盤として，訪日旅行者が増え，観光立国を推進することが可能となっている。

環境対策としては，日本では2030年度，運輸部門における二酸化炭素（CO_2）排出量を，

対 2013 年度比 35％削減を目標としており，この達成に向けて一層の取り組み推進が求められている。国内における 1 人 1 km 当たりの二酸化炭素排出量は，自家用乗用車に次いで，航空が 2 番目である。また，国際航空では，2050 年までに二酸化炭素の排出を実質ゼロにする長期目標を掲げている。

3）航空輸送の特徴

航空輸送事業は，航空機を使用して旅客・貨物を目的地まで輸送する「サービス」を商品として提供する第三次産業であり，在庫の繰り越しができない。供給量の柔軟性が限定的で，需要変動が大きいのが特徴の硬直的な装置産業である。

① 無形性　航空輸送サービスは消費前にどのようなものかを実感することができないため，利用者は，利用目的，料金，機内や空港での付帯サービスの有無など，自分の目的に合った航空輸送サービスを選択することとなる。航空会社の選択基準は，利用経験者の半数以上が「信頼性」，「安全性」であり，次いで「適正価格」，「直行便の利便性」，「便数の利便性」となっており，ブランド力が非常に重要となる業界であることがわかる。

② 不可分性　航空輸送サービスの生産と消費は同時に発生するため，輸送そのもののサービスは同質となる。航空会社は世界に 1,600 社以上あるが，空港の搭乗手続き方法や航空機については世界中の航空会社でほぼ同じものを使用している。また，運航便数・運賃・各種サービスについても，たとえ新サービスを開始したとしても次々と他社に追随されるため，他社との差別化は難しい。そのため，航空会社では，「安全性」の確保をすべてに優先し，「定時性」，「快適性」，「利便性」を基本品質とし，顧客体験価値を高めることによるロイヤルティの構築を追求している。

③ 変動性　航空輸送サービスは，予約から出発・機内・到着，そしてカスタマーサポートまで，航空会社のさまざまな社員が直接的・間接的に 1 人の顧客と接点をもつことになる労働集約型産業である。そのため，航空会社は高いサービス品質を維持・向上するために，教育・訓練，業務の標準化，顧客満足度の把握の 3 点を重視している。また，同じ顧客であっても，目的や状況によってはその時々に求めるサービスの満足度は変化する。

④ 消滅性　航空輸送サービスの特徴としては固定費が大きく，移動自体がサービスであり，需給調整が難しく在庫がきかない。長距離を飛ぶ航空機は，例えば 1 米ドル 150 円換算で 1 機 360〜670 億円くらいの価格で，納期も 2〜4 年の受注生産となるため，将来計画に合わせた発注が必要となる。また，季節波動による需要変動が大きいだけでなく，政府の関与や規制，空港インフラによる制約，戦争・テロ，経済，自然災害，疫病等による外部要因によっても需要が大きく左右される。そして，燃料費も変動が大きく，航空会社の収益性に大きな影響を与えている。また，国内においては，他の航空会社との競合だけでなく，新幹線やリニアモーターカー等，陸上輸送との競合も視野に入れなければならない。

4）旅客輸送

航空輸送には，旅客輸送と貨物輸送があり，それぞれ国内輸送と国際輸送とがある。

① 国内旅客輸送　国土交通省の 2015（平成 27）年度全国幹線旅客純流動調査によると，航空による国内の長距離移動の占めるシェアとしては，300 km〜500 km が 2％，500 km〜

700 km が 12％とほとんど少ないが，700 km〜1,000 km が 43％と鉄道と拮抗し，1,000 km 以上で 87％のシェアとなる。距離が長くなれば航空のシェアは高くなり，距離が 700 km を超えると鉄道と均衡を保つ傾向にある。

② 国際旅客輸送　日本での国際旅客輸送の手段は，航空と船舶に限られ，国際旅客輸送量に占める航空のシェアは 2024（令和 6）年現在，概ね 96％と圧倒的に多く，船舶は 4％にとどまる。航空が非常に高いシェアを占める背景として，船舶の定期航路数の少なさもあるが，航空機は船舶より海外の目的地までの所要時間が圧倒的に短くて済むことが挙げられる。

5）航空会社の種類

2024 年現在，日本には 24 の航空会社があり，その特性やサービスから 5 つに分類される。

① フルサービスキャリア（FSC：Full Service Carrier）　拠点空港と各都市の空港を結ぶ利便性の高いネットワークをもち，大型機から小型機までさまざまな航空機を保有することによって需要規模や路線特性に応じて運航を行う航空会社を，フルサービスキャリアと呼ぶ。複数の座席クラス（ファースト・ビジネス・エコノミー）で高品質な商品・サービスを提供し，機内食や飲み物サービスが航空運賃に含まれている。日本では，日本航空や全日本空輸のような従来タイプの航空会社がこれにあたる。効率化のため，単一した航空機材を運航するソラシドエアやスカイマークなどもある。

② ローコストキャリア（LCC：Low Cost Carrier）　観光や友人・親族訪問など頻度の少ない需要に対し，多頻度の運航と効率化により運航費用を抑え，またサービスの簡素化により安い航空運賃を提供する航空会社を，ローコストキャリアと呼ぶ。FSC で行われているサービスを一部有料化し，その分，航空運賃を安くしている。航空の自由化や運賃などの規制緩和により航空業への参入障壁が軽減したため，欧米で 1980 年代に拡大し始め，IT 技術の革新とともに，世界に広がった。LCC は効率化のため，使用航空機材を単一化し，単一クラスで搭載できる最大の座席数を装備し，4 時間の飛行距離圏内に就航するのが一般的である。日本では 2012（平成 24）年に Peach Aviation が設立され，その後ジェットスター・ジャパンや ZIPAIR などが設立され拡大した。最近では，FSC と LCC 双方の利点を活かしたハイブリッドエアラインと呼ばれる航空会社もあり，安い航空運賃に加え，幅広いサービスや運賃の選択肢がある。日本ではスターフライヤーや Air Japan がこれにあたる。

③ 地域航空会社（Regional Airline）　地域航空会社とは，座席数が 100 席以下の航空機を使用し，特定二地点の運航を行う旅客輸送をさし，主に，都市間輸送や離島路線など，比較的小規模かつ地域的な航空輸送需要に対応した輸送を担う。日本では日本エアコミューター，北海道エアシステムなどがこれにあたる。

④ ビジネス航空（Business Aviation）　ビジネス航空とは，ビジネス遂行上の目的で航空機を使用して行う旅客・貨物輸送のことである。その代表が 19 席以下のビジネスジェット機である。ビジネスだけでなく，富裕層の観光などにも使用されている。ビジネスジェット機利用の特徴としては，時間短縮，移動範囲の拡大，時間・空間の効率化，プライバシー・安全の確保が挙げられる。日本での活用は遅れているが，世界での運用機数は約 2 万 3,000 機を超え，欠くことのできない有効な輸送サービスとなっている。日本では，中日本航空，

第3章　交通運輸業

朝日航洋などがこれにあたる。

⑤　貨物航空会社（Air Freight Carrier）　貨物機を運航する貨物輸送専門の航空会社のことであり，日本には国際線を運航する日本貨物航空がある。また，海外には，UPS，FedEx，DHL のように貨物の集配と輸送の両方を行うインテグレーターと呼ばれる航空会社がある。

（2）空港経営

世界のグローバル化に伴い，航空は人々の暮らしには欠かせない存在となっている。世界には約 3,500 か所の空港があり，世界の人口の 74.4％が 100 km 圏内の国際定期便のある空港にアクセスできる環境にある。

1）日本の空港

日本には 97 か所の空港があり（2024 年現在），国際・国内航空輸送ネットワークの拠点となる拠点空港，国際航空輸送ネットワーク・国内航空輸送ネットワークを形成するうえで重要な役割を果たす地方管理空港，その他の空港，そして自衛隊等が設置・管理する共用空港の 4 つに分類される。

①　拠点空港　拠点空港は 3 つに分類され，会社が設置・管理する会社管理空港として，成田国際空港，中部国際空港，関西国際空港，大阪国際空港の 4 空港，国が設置・管理する国管理空港として，東京国際空港，新千歳空港などの 19 空港，国が設置・地方自治体が管理する特定地方管理空港として，秋田空港，山形空港，山口宇部空港などの 5 空港がある。

②　地方管理空港　地方管理空港は，地方自治体が設置・管理する空港で，青森空港，静岡空港，神戸空港など 54 空港がある。

③　その他の空港　その他規模の小さい空港で，地方自治体が設置・管理する調布飛行場，名古屋飛行場，但馬飛行場など 7 空港がある。

④　共用空港　共用空港とは，自衛隊・在日米軍が管理・運営を行っている空港で，三沢飛行場，百里飛行場，岩国飛行場など 8 空港がある。

2）空港が果たす役割

空港は，国・地域において必要不可欠な公共的役割を担う重要なインフラである。

①　経済成長の原動力　世界に向けた日本の玄関口として，日本の国際競争力の強化や持続的な経済成長の実現のため，成長著しいアジアを中心に，世界から日本にヒト・モノ・カネを積極的に呼び込む「経済成長の原動力」としての役割がある。

②　地域の交通拠点　国際・国内航空ネットワークの拡充や，道路や他の交通機関の整備により，利便性の高いサービスの提供を通じた，「地域の交通拠点」としての役割である。また，離島等の地域間交通網が脆弱な地域においては，生活に必要不可欠な移動手段としての高い公共性も有している。

③　地域の観光・産業振興の拠点　地域の情報発信やイベント・観光の創出，地域資源の迅速な輸送等を通じた，「地域の観光・産業振興の拠点」としての役割である。観光客，ビジネス利用者も含めた交流人口の拡大に伴い，消費の拡大，ビジネス機会の拡大等を通じ

26

て地域へ多大な経済波及効果をもたらす。

④　防災機能拠点　　大規模災害の発生時には空港のもつ拠点性を活用した被災自治体の支援拠点として，防災拠点機能の役割がある。また，有事の際には，日本の安全保障のための拠点として，「安全・安心の拠点」としての役割も担っている。

3）日本の空港政策

　日本では，航空機のジェット化や大型化に伴い，1967（昭和42）年から空港整備計画が始まり，航空ネットワークの充実に向けて全国で空港の整備が進められた。特に，首都圏空港である東京国際空港と成田国際空港では，日本最大の国際ゲートウェイ（空の玄関口）として，訪日外国人の増加，産業・都市の競争力強化および日本全国の地域活性化のため，機能向上が図られてきた。2024（令和6）年現在，日本の人口の99％が100km圏内の国際定期便のある空港にアクセスできる。また，日本を代表する観光地である東京，箱根，富士山，名古屋，京都，大阪などを巡る広域の観光周遊ルートをゴールデンルートと呼んでいるが，地方も含めて全国各地に空港が配置されていることは，ゴールデンルートに集中する訪日旅行者の観光需要を，地方へと分散を図るうえでも重要になっている。

　そして，東アジア地域における空港間競争の激化をはじめ，空港利用者のニーズの多様化や高品質化等に伴い，2010（平成22）年から日本の空港政策は「整備」から「運営」へと方針を転換し，さらなる利便性の向上や効率的な空港運営を行うようになった。こうしたなか，滑走路等の基本施設と航空旅客ターミナルビルを一体的に経営する「コンセッション方式」による空港運営の民間委託が進められた。民間のノウハウの活用により，効率的な運営と航空ネットワークの拡充・強化や地域の活性化が図られるようになった。2016（平成28）年に関西国際空港および大阪国際空港で採用が始まり，2024（令和6）年現在，18空港がコンセッション方式による空港運営を行う。滑走路や空港旅客ターミナルビルなどの空港関連施設の所有権は国や地方自治体など公的機関が保有し，民間企業が長期間の運営権を取得して，空港の維持・管理や運営を担う。

2　鉄　道　業

（1）鉄道の役割

1）鉄道業における旅客輸送

　わが国で鉄道が旅客輸送を始めたのは1872（明治5）年である。鉄道開業前は，人々の移動手段は「徒歩」が主流であった。目的地が遠ければ，到着までに長い時間を要し，重い荷物も運べない。しかし，鉄道の開業により，目的地まで早く到達できるようになった。日本初の鉄道は新橋～横浜（現在の桜木町駅）間で開業し，29kmを1時間弱で走った。この距離は，徒歩であれば7時間以上を要したといわれる（時速4km換算）。また，鉄道は，運賃さえ払えば，誰もが利用できる交通手段となったのである。

　このように，鉄道によって，誰もが迅速に，遠くへ行けるようになった。つまり旅行がしやすくなったのである。旅行の目的地も，鉄道網の延伸とともに全国各地に開拓・発見され

第3章　交通運輸業

ていった。

2010（平成22）年度以降の国内の旅客輸送人員における鉄道の占める割合は全体の約80％，旅客輸送人キロでは全体の約74％と，国内の旅客輸送手段として鉄道は重要な役割を担っている。

2）鉄道における貨物輸送

鉄道は，旅客輸送だけでなく，貨物輸送の手段としても用いられている。レールの上に貨車を置くことで，大量に，かつ重い貨物を運ぶことができる。動力源の進化により，「速い輸送」も可能になった。

2010年度以降の国内貨物輸送量の輸送重量（トンベース）では，鉄道の占める割合は全体の1％弱，国内貨物のモード別輸送（トンキロベース）では，鉄道の占める割合は全体の5％弱と，国内の貨物輸送手段としての鉄道の割合はそれほど大きくない。

なお，近年は，「貨客混載」といって，旅客車両の一部に貨物を搭載して輸送するという方式も行われている。

3）他の交通手段との比較による鉄道利用の強みと弱み

国内の交通手段には，鉄道のほか，航空機，バス，自家用車，船等があり，鉄道利用には次のようなメリットとデメリットがある。

鉄道利用のメリットは，輸送力と定時性である。輸送力は，鉄道1本は，新幹線であれば16両編成で約1,300人が乗車でき，1時間に10本以上運行される場合がある。在来線であれば，朝・夕の通勤・通学時間には数分おきに運行されるので，輸送力に優れている。定時性も，日本の鉄道各社は，分刻みのダイヤを遅滞なく運行することに尽力しており，訪日旅行者からは高く評価されている。

一方，鉄道利用のデメリットとしては，居住性と機動性が挙げられる。居住性は，指定席の場合はそれほど大きな弱みにならないかもしれないが，在来線ではラッシュ時（前述した朝・夕の通勤・通学時間）に混雑が発生し，快適とはいえない時間帯がある。鉄道各社は在来線でもラッシュ時間帯に「指定席」車両を導入するなどして，居住性の改善に努めている。機動性については，鉄道は線路のあるところにしか行けず，運行時刻が決まっているので，利用者の好きな時間に好きな場所（駅）に行くことはできない。

なお，新幹線だけに限った利用者側のデメリットとして，経済性がある。高速で目的地まで行けるため利便性が高いが，在来線や他の交通手段に比べ運賃が高い場合がある。逆に在来線だけに限った利用者側のデメリットとしては，所要時間がある。在来線も，特急や急行等スピードを重視した運行もあるが，新幹線に比べると長距離での所要時間は劣る。

(2) 鉄道業の歴史

1）世界にみる鉄道業

鉄道が，ヒトやモノ（貨物）を運ぶ手段として社会に定着したのは，19世紀のイギリスである。産業革命中に，蒸気機関が動力源として交通機関にも応用されるようになったことが契機である。蒸気機関は，まずは蒸気船の動力源として，次に鉄道の動力源として活用され

るようになった。

イギリスでは，1804 年に世界初の蒸気機関車が走行したが，旅客輸送ではなく貨物輸送であった。1807 年には，世界初の鉄道による旅客輸送が始まったが，これは路面の軌道を馬にひかせた客車が走る馬車鉄道であった。そして 1825 年に至って，ようやく蒸気機関車による旅客輸送の営業が開始され，その後ヨーロッパ，アメリカ，そして世界各国で鉄道敷設が始まった。

2）日本にみる鉄道業

日本初の鉄道は，1872（明治5）年に新橋〜横浜間に開通した。これは，政府が運営する「官設鉄道（国有鉄道。1945（昭和20）年に日本国有鉄道に改組）」である。1881（明治14）年には日本初の私設（民営）鉄道会社が設立され，官民それぞれが路線を伸ばしていった。

1893（明治26）年には，日本初の国産蒸気機関車が完成した（それまでは外国から輸入していた）。1895（明治28）年には，電気鉄道も開業した（京都電気鉄道）。1927（昭和2）には，東京の浅草〜上野間に，日本初の地下鉄（銀座線）が開業した。

1964（昭和39）年10月には，日本で初めての新幹線「東海道新幹線（東京〜新大阪）」が開通し，鉄道の高速化が進んだ。新幹線の路線は，その後，徐々に増加・延伸され，北海道，東北，秋田，山形，上越，北陸，東海道，山陽，九州（2 ルート）の 10 ルートが運行されている（2024（令和6）年3月末現在）。2024 年3月には，北陸新幹線の金沢〜敦賀間が延伸・開業した。2030 年以降は北海道新幹線の延伸（新函館北斗〜札幌）や北陸新幹線のさらなる延伸（大阪まで），リニア中央新幹線（東京〜大阪）の開業も予定されている。

なお，戦後の日本の鉄道業における最大の出来事は，1987（昭和62）年4月の日本国有鉄道（通称・国鉄）の分割・民営化である。旅客輸送は全国を 6 エリアに分け 6 社に（JR 北海道，JR 東日本，JR 東海，JR 西日本，JR 四国，JR 九州），貨物輸送会社は全国を営業エリアとする 1 社（JR 貨物〔日本貨物鉄道〕）の計 7 社に分割され，現在に至る。

（3）日本の鉄道事業

1）事業者数

日本の鉄軌道事業者は 2024 年現在，200 社を超えている。これには，モノレール，新交通システム，路面電車，ケーブルカー（鋼索鉄道，登山鉄道）が含まれ，47 都道府県に何らかの鉄軌道が走っている。

JR 旅客 6 社は，前述したように全国を 6 エリアに分けて営業しており，各社の特徴は以下の通りである。

① **JR 北海道**　北海道内を営業エリアとし，北海道新幹線（新青森（青森県）〜新函館北斗（将来は札幌まで延伸予定））を運行する（東京〜新函館北斗間は約 4 時間）。営業キロは長いものの，経営は JR 発足当時から厳しく，利用者減による在来線の廃線も多い。

② **JR 東日本**　東北 6 県，関東 7 都県，甲信越 3 県，静岡県（一部）を営業エリアとし，5 新幹線を運行する（東北，秋田，山形，上越，北陸〔一部〕）。営業エリアと輸送人員は JR 旅客 6 社中で最大である。首都圏を中心に，エキナカビジネスにも力を入れている。

第3章　交通運輸業

③　**JR東海**　中部圏（東海4県）を営業エリアの核とし，日本初の新幹線である東海道新幹線（東京～新大阪）を運行しており，同新幹線の利益が非常に大きい。東京と大阪を結ぶ中央リニア新幹線を建設中である（東京～名古屋の開業は2034年以降の予定）。

④　**JR西日本**　新潟県と長野県の一部，北陸3県，関西6府県，三重県の一部，中国地方5県，福岡県の一部を営業エリアとし，山陽新幹線（新大阪～博多〔福岡県〕）を運行している。東海道新幹線と山陽新幹線の直通運転（東京～博多，約5時間）と，山陽新幹線と九州新幹線の直通運転（新大阪～鹿児島中央，約4時間）がある。

⑤　**JR四国**　四国4県を営業エリアとし，JR旅客6社の中で唯一，新幹線をもたない。瀬戸大橋線で岡山県と結ばれている。営業キロが短く，四国4県の人口も少ないため，JR北海道同様に厳しい経営状態が続いているものの，観光列車への取り組みが熱心である。

⑥　**JR九州**　九州7県を営業エリアとし，九州新幹線2ルート（鹿児島ルート：博多～鹿児島中央，西九州ルート：武雄温泉〔佐賀県〕～長崎）を運行している。西九州ルートの新鳥栖～武雄温泉間の開業は未定である。

なお，国鉄の分割・民営化で誕生した7社のうちの残り1社は，貨物輸送会社「JR貨物」であり，全国を営業範囲としている。

JR以外に，大手私鉄（民鉄）16社は大都市圏で営業しており，その内訳は，関東圏9社，中部圏1社，関西圏5社，九州圏1社である。複数都府県にまたがって営業している場合があり，また他社との相互乗り入れを行い，利用者の利便性向上に努めている。

表3-1　JR旅客6社と大手私鉄16社一覧

JR	大手私鉄			
	関東圏	中部圏	関西圏	九州圏
北海道旅客鉄道 東日本旅客鉄道 東海旅客鉄道 西日本旅客鉄道 四国旅客鉄道 九州旅客鉄道	東武鉄道 西武鉄道 京成電鉄 京王電鉄 小田急電鉄 東急電鉄 京浜急行電鉄 東京地下鉄 相模鉄道	名古屋鉄道	近畿日本鉄道 南海電気鉄道 京阪電気鉄道 阪急電鉄 阪神電気鉄道	西日本鉄道

出典）鉄道各社webサイトより筆者作成

2）鉄道の利用実態

鉄道による旅客輸送人員は，2010（平成22）年度以降は年間延べ200億人を超える規模にふくらんでいる。

2 鉄 道 業

目的地までの主な交通手段としても，鉄道は自家用車に次いで利用頻度が高い傾向が続いており，特に友人旅行や一人旅での利用が多いのが特徴である。また，鉄道は観光地内の交通手段としても利用されている。

3）鉄道業の特性

① **鉄道は派生需要である**　鉄道は，何らかの目的を果たすための移動手段である。「何らかの目的」は「本源的需要」といい，通勤・通学，買い物，旅行（観光）等が含まれる。本源的需要を達成するために付随して発生する需要を「派生需要」といい，鉄道は「派生需要」である。例えば「通学のために鉄道を利用する」という場合，「通学」が「本源的需要」で，「鉄道を利用する」ことが「派生需要」となる。なお，鉄道が「本源的需要」となる場合もある。例えば，鉄道に乗車すること自体を目的とした場合である。観光列車や復元SL（蒸気機関車），レストラン列車等である。鉄道各社は，人口減少による定期旅客減少を補完すべく，定期外旅客の一部となる本源的需要の開拓にも取り組んでいる。

② **鉄道は公共性が強い**　鉄道は，年齢，職業，性別に関係なくあらゆる人が利用する。特に，車を保有・運転できない交通弱者（学生，高齢者，障がい者等）や，バス等の他の交通手段が発達していない地域の住人にとっては，鉄道はヒト・モノ（貨物）の移動（輸送）手段として，生活を支える。鉄道があると，沿線の人口や企業が増える可能性もあり，鉄道は地域社会・地域経済の基盤である。

なお，鉄道には「外部性」があり，これも公共性に含まれる。「外部性」とは，経済主体（企業，消費者）の行動が，市場を介さず（対価のやり取りをせず）他の経済主体に及ぼす意図しない影響のことである。外部性には，プラスの影響（正の外部性または外部経済）とマイナスの影響（負の外部性または外部不経済）の2つがある。鉄道の場合，正の外部性としては，鉄道沿線の自治体のイメージアップ（例：住みたい沿線の町ランキングで上位に入る）や，鉄道沿線の地価上昇等がある。負の外部性としては，鉄道沿線の住宅等が（鉄道運行時の）騒音や振動に悩まされたり，駅周辺に違法な自転車駐輪が増え，歩行者の妨げになること等がある。

鉄道は，利用者の多様性や外部性をもつため，社会への影響も大きい。鉄道会社は，自社の利益確保は当然ながら，社会の利益も考慮した経営を行うことが求められている。

③ **鉄道は独占的市場である**　鉄道業は，開業前・開業後の設備投資額（固定費）が莫大である。線路や駅を設置する土地の確保およびその建設・維持費用，車両の購入・整備の費用等がある。さらに，土木，電気，車両等の専門的，総合的な技術が必要である。そのため鉄道事業は，鉄道事業法により国土交通大臣の許可が必要と定められており，容易に参入できない。これは，一方では競合相手が少ない業界ともいえるが，他の交通機関との競合はある。長距離移動手段の競合相手は航空であり，短距離・中距離であればバスや自家用車である。少子高齢化等を背景に，鉄道利用者が今後増加を続けることは見込めないため，新規参入はさらに困難になる可能性がある。

④ **鉄道は規制産業である**　鉄道事業は，鉄道事業法等により，参入，退出，価格等，さまざまな点で規制を受ける。規制をしないと，社会全体の便益・公益性が損なわれるためである。例えば，運賃を変更する場合，鉄道会社は国土交通省運輸局に料金設定および整備

第3章　交通運輸業

等計画を届け出なければならない。

4）鉄道業の課題と今後の展望

　鉄道業を取り巻く課題として，鉄道各社が最も懸念していることは，少子高齢化および人口減少に伴う利用者の減少が挙げられる。また，コロナ禍以降，会社に出社せずに自宅等で仕事をするリモートワークという働き方も認知されるようになり，定期旅客の減少が進んでいる。過疎地においては人口減少とともに鉄道利用者の減少も著しく，廃線も増えている。鉄道から他の交通手段（バス，BRT〔バス高速輸送システム〕等）への転換ができない場合，地域社会・地域経済の衰退が一層進んでしまう可能性がある。

　鉄道各社は，鉄道利用者の確保に向け，さまざまな取り組みを行っている。定期旅客はコロナ収束後の回復が鈍く，定期外旅客，特に観光客の利用増加に期待をかけている。沿線観光地と連携して，観光客に鉄道を利用してもらうことが，鉄道業のみならず，観光地の発展にもつながる。取り組みの一例としては，「企画切符」がある。鉄道運賃・料金と，下車した観光地での観光施設や名物料理の割引クーポン等を組み合わせたものである。鉄道会社と地元自治体や民間企業が連携して，消費者に観光地での楽しみ方を提案するものである。

　また，前述したように，本源的需要，すなわち鉄道に乗ること自体が目的となるような列車にも注目が集まっている。車内を改装し，景色が見やすいように座席の位置を変えた観光列車，車内で地場産品を用いた特別メニューを味わうレストラン列車，石炭を焚いて走るSLの復元等である。JR東日本，JR西日本，JR九州は，豪華寝台列車による宿泊ツアー（1泊2日～3泊4日）も発売している。この宿泊ツアーは，鉄道での移動時間（車内での食事を含む）を楽しむだけでなく，途中下車しての観光も組み込まれている。高額なツアーではあるが，運行本数が少なく，1ツアー当たりの定員も少ないため，なかなか予約が取れないツアーである。

　さらに，近年，全世界で取り組んでいるSDGs（持続可能な開発目標）の観点からも，鉄道は環境負荷が少ない（二酸化炭素排出量が少ない）交通手段として注目されている。ヨーロッパでは環境問題への関心の高さを背景に，夜行（寝台）列車が復活しつつある。既存の鉄道会社に加え，新たに民間企業が参入しており，新路線の拡大やサービス向上が実現している。夜行（寝台）列車は，飛行機や特急列車による「速さ」とは異なる旅の楽しみ方を提供でき，かつ環境問題解決策の1つとしても有効である。日本の寝台列車は，鉄道の高速化（新幹線網の増加等）や他の交通手段の充実（例：安価な高速バスやLCC路線の増加）により，2024（令和6）年2月現在，サンライズ出雲・瀬戸のみが定期運行されている。今後は，鉄道の本源的需要の一環として，寝台列車が日本でも見直される可能性に期待したい。

3 旅客自動車運送事業

（1）旅客自動車運送事業の現状

　旅客自動車運送事業とは，旅客（ヒト）の需要に基づき，旅客から運賃を取り（＝有償で），自動車を使って運送する事業をさし，具体的には，バス・タクシーなどが該当する。旅客自

動車運送事業は，①11 人乗り以上の自動車を使い路線を定め定期的に運送を行う「一般乗合旅客自動車運送事業」，②11 人乗り以上の車両を所有する会社と旅行代理店等との貸切契約により運送を行う「一般貸切旅客自動車運送事業」，③10 人乗り以下の自動車を利用し輸送を行う「一般乗用旅客自動車運送事業」に分けられる。一般的に，①は乗合バス，②は貸切バス，③はタクシーと呼ばれる。

　旅客自動車運送事業は，2000（平成 12）年と 2002（平成 14）年に道路運送法改正による規制緩和が施行され，事業への参入は免許制（国が需給のバランスを判断し供給が少ない場合のみ事業免許を与え参入を認める）から許可制（国が事業者の輸送の安全にかかる資格要件をチェックし，これを満たした事業者に対し事業許可を与える）へ移行し，運賃についても割引運賃の設定をはじめ事業者の創意工夫によるさまざまな運賃設定が可能になった。

　規制緩和の結果，一般乗合旅客自動車運送事業では，高速乗合バスを中心に事業者の新規参入が増加し，利用者のニーズに応じた新たな路線が開設された。一方，一般乗合バスについては，採算路線の利益により不採算路線を維持する「内部相互補助」が困難となり，新たな制度を運用した路線の維持確保が行われている。具体的には，都道府県を中心とし当該地域の関係者で構成される地域協議会を設置し，地域の実情に従った効率的な輸送のあり方等について関係者間で協議するとともに，国と都道府県が協調し運行費用の補助を行っている。だが，自動車の普及や人口減少の影響から利用が伸び悩み，2020（令和 2）年以降の利用者数は年間 40 億人を割り込んでいる（図 3-1）。

　一方，一般貸切旅客自動車運送業は，規制緩和により事業への参入が容易になったことから，事業者数は 2000 年度以降の 10 年間でほぼ倍増し，年間約 30 万人の利用者を維持していた（図 3-2）。これは従来の修学旅行・バスツアー等に加え，訪日旅行客の利用が増加したためである。ただし，2019（令和元）年度以降は新型コロナウイルス感染症の拡大に伴い，利用者数が大幅に減少し，これによりドライバーの離職が相次いだ。

　一般乗用旅客自動車運送事業は，採算の見込める都市部で新規参入および増車が行われ，定額運賃の導入など，運賃面からも多様なサービス改善が実施されている。これに対し，需要喚起が見込めない地方部では，タクシーの減車や事業からの撤退が頻発し，なかには事業所を完全閉鎖する場合も存在する。また，都市部では新規参入の増加により，新たにタクシーの過剰供給や客引き・客待ち，近距離輸送拒否などの問題が発生したため，2009（平成 21）年には「特定地域における一般乗用旅客自動車運送事業の適正化及び活性化に関する特別措置法」（タクシー事業適正化・活性化法），2015（平成 27）年にはその改正法（タクシー事業サービス向上・安心利用推進法）が制定され（まとめて改正タクシー特措法と呼ぶ），タクシーが過剰供給と認められる地域における増車や事業参入を禁止する対策が講じられている。

（2）観光における旅客自動車運送事業の役割

　交通は観光主体としての観光客が観光客体としての観光資源や観光地にアクセスするための媒体としての役割をもっており，その需要は本源的需要としての観光需要から生じる派生需要である。したがって，交通需要は観光地における魅力度や需要喚起策に大きく影響を受

第3章　交通運輸業

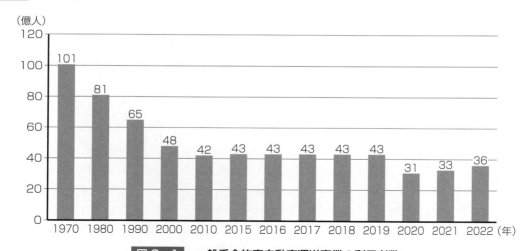

図3-1　一般乗合旅客自動車運送事業の利用者数

資料）国土交通省：自動車輸送統計年報より筆者作成

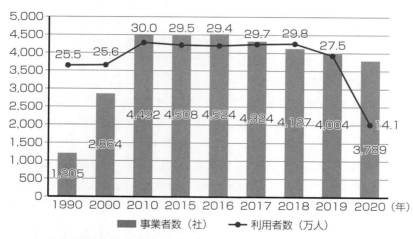

図3-2　一般貸切旅客自動車運送事業の事業者数と利用者数

資料）国土交通省：数字で見る自動車2022より筆者作成

け，交通の有無が観光需要や観光消費額を左右することもあり得る。他方，近年は観光列車やクルーズ船をはじめ，その乗り物自体が観光資源としての役割を果たすケースもあり，両者の関係は一方の需要が必ずしも他方の需要に依存しない「結合需要」へと変化しつつある。このように観光交通は，観光地への移動手段としての役割ばかりではなく，観光地の魅力度向上や観光資源としての役割が課されているが，一般的には観光資源や観光地への移動手段という色彩が強く，都市間ならびに地域内におけるアクセス手段として幅広く活用されている。ただし，旅客自動車運送事業はいずれも利用者の低迷により苦しい経営を余儀なくされており，乗合バス，貸切バス，タクシーというそれぞれの業界をみても，さまざまな課題が

浮き彫りになっている。以下では，主に貸切バス業界に着目し，その課題や対応について明らかにしたい。

1）ツアーバスの問題

規制緩和以前，一般貸切旅客自動車運送事業では需給調整規制が敷かれており，新規参入やサービス利活用の範囲が限定されていた。しかし，規制緩和により新規参入が容易になり，サービスの活用範囲が拡大された結果，事業者の新規参入が相次ぎ，そのなかにはウェブサイトを通した広告宣伝や予約システムを駆使し，低運賃でサービスの提供を行う「高速ツアーバス」を手掛ける事業者もあらわれた。高速ツアーバスとは一般乗合旅客自動車運送事業とは異なり，旅行会社の募集型企画旅行を通して2地点間を運行する貸切バスを指し，2010（平成22）年度までに利用者は年間600万人に到達したといわれている。

しかし，高速ツアーバスは，夜間または長距離運転が基本となるため，過労運転の常態化がしばしば指摘されていた。2012（平成24）年4月29日未明に発生した関越自動車道における高速ツアーバス事故では，金沢・富山～東京ディズニーリゾート行きのサービスが同区間の高速乗合バスの半分以下の運賃で提供され，その一方で，事故を起こした事業者は点呼の不実施や名義貸し，日雇いドライバーによる単独運転など数多くの法令違反が確認された。これは，2016（平成28）年1月15日に発生した軽井沢スキーバス事故においても同様であった。関越自動車道事故の後に国が高速ツアーバス会社を対象に実施した監査によれば，全体の約8割の事業者が運行管理面で何らかの法令違反を行っていることが確認された。

2）一般貸切旅客自動車運送事業をめぐる制度改革

このような事故を受け，国は「バス事業のあり方検討会」を立ち上げ，その検討結果に基づいて，①新高速乗合バス制度，②ドライバーの運転時間等の基準見直し，③貸切バス事業者安全性評価認定制度の創設などの制度改革に踏み切った。具体的には，貸切バスのうち，2地点間における人員輸送が目的の場合は一般乗合旅客自動車運送事業に移行すること，従来670kmを上限としていた1人乗務で運転可能な距離の制限を夜間400km，昼間500kmまでに引き下げること，バス停・車庫の設置や運転者の連続乗務時間，運転交代回数等に係る安全管理を義務化すること，日本バス協会の安全性認証評価において認証を受けた事業者を国や事業者のウェブサイトで公表することとした。しかし，ドライバーの労働環境はなおも改善されず，新型コロナウイルスの感染拡大も相まってドライバーの離職が大きな社会問題となっている。

3）ドライバー不足の問題

一般貸切旅客自動車運送事業におけるドライバー不足は，どの程度深刻な状況にあるのだろうか。例えば，厚生労働省「令和3年賃金構造基本統計調査」によれば，バスドライバーの1日当たり平均労働時間は9.3時間（2,232時間÷年間労働日数240日＝9.3時間），残業時間1.3時間であり，全産業平均と比べると労働時間も残業時間も0.5時間長いことがわかる（図3-3）。また，平均年収については，全産業平均489万円に対し，バスドライバーは平均404万円に留まっている（図3-4）。このように，バスドライバーは他の業界に比べ低賃金・長時間労働を強いられることから，職業としての魅力が低い業界である。しかも，2017（平

第3章　交通運輸業

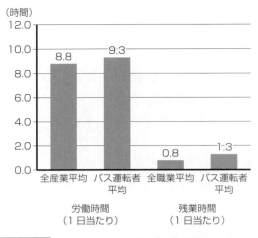
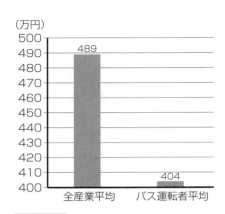

図3-3　バスドライバーの年間平均労働・残業時間
図3-4　バスドライバーの平均年収
資料）図3-3，図3-4ともに厚生労働省：令和3年賃金構造基本統計調査より筆者作成

成29）年3月28日に政府の働き方改革実現会議にて決定された「働き方改革実行計画」では，バスドライバーを含む自動車運転業務の時間外労働について年間960時間以内に制限し，将来的にはその他の業界と同様に720時間とすることが規定された。その結果，既存のバスドライバーを中心に時間外労働の延長を求める声が高まり，離職し，他の業界に転職するドライバーも生じ始めている。低賃金・長時間労働という業界構図に加え，働き方改革によりさらなる離職者が発生するなか，外国人の雇用や事務職員を対象とした大型二種免許の取得支援をはじめとした抜本的な対策が必要となっている。

(3) 旅客自動車運送事業の新たな取り組み— MaaS の活用—

　貸切バス業界では低賃金・長時間労働が常態化し，ドライバー不足に悩んでいるが，その一方で旅客自動車運送事業全体では昨今のIT技術を駆使した新たな取り組みに着手している。その一つがMaaS（Mobility as a Service）である。MaaSとは鉄道やバスといった公共交通機関とレンタカー等の移動サービスを組み合わせて，その検索・予約・決済等をワンストップで行えるサービスをさす。国は2019（平成31）年「第8回都市と地方の新たなモビリティサービス懇談会」において，地域類型ごとのMaaSのモデルを取りまとめ，MaaSの導入目的，実現イメージを定め，具体的にどのようなモビリティサービスを導入するべきかを示している。

1) 大都市・大都市近郊型

　大都市とその近郊では人口密度が高く，他の地域に比べて交通のニーズが高い。また，鉄道，バス，タクシーなどの交通網も発達している。このことから，MaaS は万人が利用しやすい都市交通の実現や訪日外国人の移動円滑化，ならびに日常的な混雑の緩和を目的に導入される。その際のモビリティサービスとしては，相乗りタクシー，シェアサイクル，小型モビリティ，バリアフリールート情報，ユニバーサルデザインへの配慮，多言語の情報提供な

どが挙げられる。さらに，イベントや災害などの緊急時におけるリアルタイムの情報提供や遅延による乗り換えへの影響，到着予想時間などもこれに含まれる。

２）地方都市・地方郊外・過疎地型

地方都市や地方郊外・過疎地は，人口密度が低く，公共交通空白地を多く抱えていることから，MaaSは自動車を持たない高齢者の移動手段確保や外出促進が目的となる。ここでは，鉄道，バス，タクシー，デマンドバス，デマンド型乗合タクシーに加え，商業施設や飲食店，病院等の一括予約・決済ならびに商業施設のクーポン付与などが含まれる。また，物流事業者と連携した貨客混載サービスや買い物代行サービス等の提供も挙げられる。

３）観光地型

観光地型MaaSは，地域の観光振興やオーバーツーリズムなどに対応するために導入される。オンデマンドバスやグリーンスローモビリティなどのサービスや，地域内交通機関フリーパスの提供，宿泊施設，観光施設の一括予約・決済が想定される。観光地型MaaSの事例として，東急とJR東日本による「Izuko」が挙げられる。伊豆には熱海や伊東，修善寺などの温泉地や石廊崎，浄蓮の滝などの観光地があるが，地域交通の人手不足や運行本数の減少といった問題が生じているため，空港・駅から目的地までの2次交通をスマートフォンで予約・決済し，シームレスな移動を提供する観光型MaaSの導入を推進している。2019（令和元）年12月1日から2020（令和2）年3月10日に実施された実証実験フェーズ2では鉄道・バスの経路検索サービスに加え，飛行機・船舶も検索の対象となり，デジタルフリーパスが2種類から6種類に増やされた。また，2020年11月16日から2021（令和3）年3月31日までのフェーズ3では，1泊2日の観光需要創出が目的のデジタルフリーパスが16種類に拡大したほか，西伊豆エリア，静岡エリア，静岡空港もサービス検索範囲となり，遠方からの観光客も視野に入るようになった。さらに，事前購入サービスや決済手段についても改良が加えられ，補完サービスのサポートも充実化が図られた。東急のプレスリリースによれば，フェーズ3の期間は新型コロナウイルス感染症の影響によりフリーパスの販売数が伸び悩んだが，全体としては中伊豆，西伊豆エリアにおける利用者数が多く，旅行者の利便性向上に貢献できたとしている。

（4）ま と め

このように，旅客自動車運送事業においては低賃金・長時間労働によるドライバー不足が深刻化しているが，MaaSをはじめとする新たな取り組みも展開している。人口減少やモータリゼーションも相まって厳しい経営が続くなか，労働環境の改善はもちろん，他の交通手段との連携や業務効率化を通しサービスのさらなる利活用が進むことを期待したい。

第3章　交通運輸業

章のまとめ課題

❶　航空輸送の特徴と，航空会社の種類についてまとめてみよう。

❷　空港の役割としてはどのようなものがあるか，まとめてみよう。

❸　鉄道会社は，定期外旅客（観光での利用者を含む）を増やすためにどのような取り組みをしたらよいか考えてみよう。

❹　環境負荷の少ない交通手段であることを，どのように旅行者に訴え，他の交通手段から鉄道へ誘導したらよいか考えてみよう。

❺　貸切バス業界の低賃金・長時間労働に旅行会社がもたらした影響について調べてみよう。それをふまえて，給料・労働時間を除き，どのような労働条件であれば貸切バス業界に就職するドライバーが増えるかについて考えてみよう。

❻　大都市・大都市近郊型，地方都市・地方郊外・過疎地型 MaaS の導入事例についてまとめてみよう。

第4章 宿泊業

ポイント
- 旅館は日本の伝統的生活様式を体験できる場でもあることを理解する。
- ホテルは国際的イベントの舞台, 非日常空間の提供などの役割もあることを理解する。
- ホテリエに求められる3つの能力について理解する。

1 旅館業法と宿泊施設の定義

(1) 宿泊施設の分類と定義

　日本国内にはさまざまな宿泊施設が存在する。旅館業法第2条では, 宿泊施設は旅館・ホテル営業, 簡易宿所営業, 下宿営業の3種類に分類され, 以下のように定義されている。

1) 旅館・ホテル営業

　旅館・ホテル営業とは,「施設を設け, 宿泊料を受けて, 人を宿泊させる営業で, 簡易宿所営業及び下宿営業以外のもの」と定義されている。つまり主に短期間の宿泊を目的として, プライバシーの確保された部屋を提供する施設が該当する。以前は「洋式の構造及び設備を主とする施設」を「ホテル」,「和式の構造及び設備を主とする施設」を「旅館」として両者を区別していたが, 2018 (平成30) 年の法改正により両カテゴリーは統合された。

2) 簡易宿所営業

　簡易宿所営業とは,「宿泊する場所を多数人で共用する構造及び設備を主とする施設を設け, 宿泊料を受けて, 人を宿泊させる営業で, 下宿営業以外のもの」と定義されている。つまり, 宿泊する場所を多人数で共用する二段ベッドなどを設けた施設のことである。かつては, 山小屋, ユースホステル, カプセルホテルなどが主流であったが, 近年では民泊用の施設が増加している。

3) 下宿営業

　下宿営業とは,「1月以上の期間を単位とする宿泊料を受けて, 人を宿泊させる」ものと定義されている。

(2) 旅館業法の変遷

　旅館業法は1948 (昭和23) 年に施行された。第1条でその目的を「旅館業の業務の適正な運営を確保すること等により, 旅館業の健全な発達を図るとともに, 旅館業の分野における利用者の需要の高度化及び多様化に対応したサービスの提供を促進し, もつて公衆衛生及び国民生活の向上に寄与すること」としている。

第4章　宿泊業

　これまで同法は何度か改正されてきたが，前述のとおり2018（平成30）年に大幅な改正が行われた。旅館とホテルのカテゴリーが統合されたほかにも，最低客室数の基準が撤廃され，フロント（玄関帳場）を設置せずにビデオカメラによる本人確認で照合することもできるようになり，事業を始めるにあたっての規制が緩和された。この背景には，観光立国を国策として進めるうえで，宿泊需要に応えるために施設の増加と多様化を実現するため，宿泊業への参入障壁を緩和するねらいがあった。さらに2023（令和5）年の法改正では，迷惑行為（カスタマーハラスメント等）をする客の宿泊を拒否することや，宿泊者に感染防止対策への協力を求めることが認められるなど，時代に合わせた改変が進められている。

2 旅館ビジネス

（1）旅館の種類と特徴

　旅館の種類には，レジャー利用主体の温泉旅館や観光旅館，料理旅館のほか，ビジネス出張用の駅前旅館や，宿主が他の産業と兼業して営む民宿などがあり，その規模や施設構成はさまざまである。旅館の業態であっても，名称に「ホテル」を冠した施設が多く存在し，名称だけで旅館とホテルを判別することは難しい。

　旅館の多くは同族経営であり，施設の運営は女将が中心となって取り仕切られている[1]。女将は日々の接客のほかに，旅館全体のマネジメントや従業員の教育指導，対外的な折衝や広報に至るまで，多岐にわたる業務を行う。女将のもとで接客を行う仲居は，客の出迎え，客室への案内，料理の配膳・サービス，布団敷き，清掃など，多くの業務を多能的に行うことが一般的である。料理に注力している旅館では，料理長（板長とも呼ばれる）が中心となって豪華で多彩な食事を提供している。

（2）旅館とホテルの差異

　訪日旅行客（インバウンド）が安心して宿泊できる施設として，一定のサービスレベルが保証されたホテル・旅館を指定する国際観光ホテル整備法の定義において，ホテルと旅館の設置基準にはおもに表4-1のような差異がある。

　ここでいう旅館は，床の間のついた畳敷きの部屋で，寝るときには布団を敷く，という現代の日常生活では珍しくなったライフスタイルが特徴である。

　2012（平成24）年以降，2020（令和2）年の新型コロナウイルスの感染拡大までの間，インバウンドは年々増加していたが，全国の旅館の平均客室稼働率はホテルに比べ伸び悩んだ。インバウンドの増加はホテルに大きな恩恵をもたらした一方，旅館はその需要を完全には取り込むことができなかった。この要因として，予約経路のIT化の遅れや，畳に布団を敷くスタイルへの抵抗感，多くの旅館が1泊2食付きを前提としていることなどが考えられる。

　今や日本人にとっても和室での生活は「非日常体験」に近い。訪日旅行客にとっては，日本の伝統的生活様式を体験できる場としてのポテンシャルがあると考えられ，今後いかにして彼らのニーズに応えながら，旅館の魅力を活かしてアピールするかが課題である。

表4-1 国際観光ホテル整備法におけるホテルと旅館（抜粋）

	ホテル	旅館
基準客室	次の1〜7の要件をすべて満たす客室（基準客室）の数が最低15室以上あり，かつ，客室総数の2分の1以上あること 1. 洋室の構造および設備をもって造られていること ・机，テーブル，いす及び洋服を掛ける設備（フック等を除く）を備えている（シングルルームにあっては，テーブルを省略することができる） ・和洋折衷の客室については，畳敷きの部分の床面積が洋式の居室部分の床面積を超えるものは，ホテル基準客室には含まれない ・入口の建具は堅牢で防音に適したものでなければならない 2. 床面積が，シングルルームについては9m²以上，その他の客室については13m²以上あること 3〜7（略）	次の1〜7の要件をすべて満たす客室（基準客室）の数が最低10室以上あり，かつ，客室総数の3分の1以上あること 1. 客室全体が，日本間として調和のとれたものであること ・床の間，洋服を掛ける設備（フック等を除く）及び踏込みがあり，隣室との間は壁仕切りでなければならない ・床の間には床柱と床板（床畳）が必要。つり床，置床等は床の間には含まない 2. 畳敷きの部屋の床面積が，通常1人で使用する客室については7m²（4畳半相当）以上，その他の客室については9.3m²（6畳相当）以上あること（床の間，押入れ等の面積は含まない） 3〜7（略）
建物	客室等の配置が適正であり，建物の意匠，使用材料，施工等が良好であること	客室等の配置が適正であり，建物の意匠，使用材料，施工等が良好であること。庭又はこれに類する造作物が敷地内にあること

出典）観光庁ウェブサイト「国際観光ホテル整備法」（https://www.mlit.go.jp/kankocho/seisaku_seido/kokusaikankohotel/index.html）

3 ホテルビジネス

（1）ホテルの種類と特徴

ホテルの種類は，シティホテル，リゾートホテル，ビジネスホテルの3つに大別される。

1）シティホテル

シティホテルは主に大都市圏に立地し，宿泊施設に加えて，レストラン，宴会場などの料飲施設をもち，婚礼・披露宴にも対応でき，ショッピング・アーケードやヘルスクラブ等の施設を併設する場合もある。このような業態を「フルサービス型ホテル」と呼ぶ。シティホテルのなかでも，特に代表的な老舗である帝国ホテル，ホテルオークラ，ホテルニューオータニは「御三家」と呼ばれている。

2）リゾートホテル

リゾートホテルはビーチや山岳地などのリゾート地に立地し，宿泊施設，料飲施設を提供するフルサービス型ホテルである。リゾートホテルのなかでも特に歴史あるホテルは，クラシックホテルと呼ばれている。クラシックホテルの例としては，日光金谷ホテル，富士屋ホテル，奈良ホテルなどが挙げられる。

41

3）ビジネスホテル

ビジネスホテルは出張者向けの宿泊特化型ホテルであり，基本的には朝食付きで出張旅費の範囲に収まる価格帯で販売されることが多い。こうした業態を「リミテッドサービス型ホテル」と呼ぶ。

4）その他のカテゴリー

上記の分類のほかに，以下のようなカテゴリーが使用されることがある。

・外資系ホテル…海外のインターナショナルホテルチェーンが運営するホテル。マリオット，ヒルトン，IHG など。
・ブティックホテル…チェーンホテルとは一線を画して，ユニークでスタイリッシュなデザインとレベルの高いパーソナルサービスを提供するホテル。エースホテルなど。
・ライフスタイルホテル…大手ホテルチェーンが展開する華美な装飾を排除したコンテンポラリーなデザインのホテル。パーソナルな経験を提供する。W ホテル，アンダーズなど。
・コミュニティホテル…主に地方都市に立地するフルサービス型ホテル。宿泊施設に加え，レストラン，宴会場など十分な料飲施設をもち，婚礼・披露宴にも対応できる。

（2）ホテルの役割

歴史的にホテルは，客に食事と宿泊場所を提供するビジネスから始まったが，現代ではさまざまな役割を果たしている。

1）国際的イベントや MICE の舞台

国の公式行事や，国賓の宿泊，晩餐会，サミットなどの会場として，ホテルが利用されている。こうした場面では，プロトコール（国家間の儀礼上のルール）に則ったサービスと，厳重なセキュリティの確保が要求される。また近年，注目が集まっている MICE（Meeting：会議，Incentive Travel：報奨旅行，Convention/Conference：国際機関・団体などの国際会議，Exhibition/Event：展示会・見本市/イベント）は大規模なものが多く，収容人数の多い大型の宴会場をもち，大量の顧客にサービスを提供する能力が求められる。

2）非日常空間の提供

ホテルでは，婚礼や節目の祝いごと，葬儀などの冠婚葬祭も行われる。婚礼を実施するシティホテルでは，ブライダルコーディネーターがプランを提案し，シェフやパティシエが豪華な料理を用意し，衣装室，美容室，写真室などの協力業者と連携して，オリジナルのウェディングが形づくられる。

またホテルには，プールやサウナなどのレジャー施設や，スパなどの癒しを提供する施設がある。都内のホテルで開催されるナイトプールやサウナイベントなど，日頃のストレスから解放されるため，リラクゼーションを目的とする利用が増加している。

3）宿泊施設の提供

ホテルの宿泊は，レジャー目的とビジネス目的に大別される。レジャー目的の場合には，観光の拠点として宿泊したり，ホテル滞在そのものを楽しむ「ホカンス」なども注目されている。ビジネス目的の場合には，業務出張のために宿泊するため，交通機関や目的地までの

3　ホテルビジネス

アクセスが重視される。また，コロナ禍をきっかけとして普及したリモートワークを活用して，リゾートホテルなどでオンラインによる業務を行い，それ以外の時間はレジャーを楽しむ「ワーケーション」利用も増えている。

（3）ホテルの仕事

1）ホテルの仕事の特性

実際に1人のゲストが宿泊するケースを考えてみよう。ゲストがホテルに宿泊したいと考えれば，電話もしくはインターネットを経由して予約する。電話を初めに受けるのはオペレーターである。そしてリザベーションのスタッフが予約を受け付ける。ゲストがホテルに到着すると，ドアスタッフが出迎え，ベルスタッフがフロントまで案内する。フロントではレセプションスタッフがチェックイン作業を行い，その後ベルスタッフが部屋まで案内する。滞在中も，レストランやラウンジ，フィットネスなどの施設を利用すれば，それぞれのスタッフが対応する。また各種の相談や特別なアレンジを手配するコンシェルジュもいる。このように考えると，1人のゲストが滞在するだけで，どれほど多くのスタッフがサービスを提供しているかが理解できるだろう。その他にも総務や経理，調理，施設などのバックヤード部門も，ホテルを運営していくためには欠かせない存在である。

このように，多くのゲストを迎えるホテルでは，ゲストの目に触れないところも含めて，いろいろな部署が協力し合い，初めてサービスが完成される。お互いの能力を尊重し合いながら，ゲストの満足という共通の目標に向かって日々業務を行うことが重要である。

また，ホテルは365日間，24時間営業が基本である。そのため，主にオペレーションにたずさわる従業員はシフト交代制勤務であり，土曜・日曜・祝日や連休に出勤することもある。

一方で，多様な人が宿泊したり食事をしたりする場でもあるため，衛生管理はもちろんのこと，防災，救命救急，食中毒予防などの安全確保のための取り組みも必須である。特に国賓級のゲストが滞在する場合には，警備体制を強化するなどの配慮も要求される。

2）ホテルの組織と職種

国内シティホテルの典型的な組織構造は，図4-1のようになっている。

経営全般を取り仕切る社長の下に，ホテルオペレーションのすべてを統括する総支配人が任命され，総支配人を補佐する立場として，営業部門を統括する副総支配人と，管理部門を統括する副総支配人が置かれる。

営業部門は，宿泊部門，食堂部門，宴会部門，調理部門，営業（セールス＆マーケティング）部門に分類される（食堂部門と宴会部門を合わせて料飲部門と呼び，それを統括する料飲支配人が配置される場合もある）。

管理部門には，総務・人事部門，経理部門，購買部門，施設部門がある。

①　宿泊部門　　宿泊部門は，宿泊支配人のもと，客室予約（リザベーション），フロントオフィス（フロントレセプション），フロントサービス，ハウスキーピング，オペレーター等のセクションによって構成される。

客室予約（リザベーション）では，電話やインターネット等を経由して入る予約を，PMS

43

第4章　宿泊業

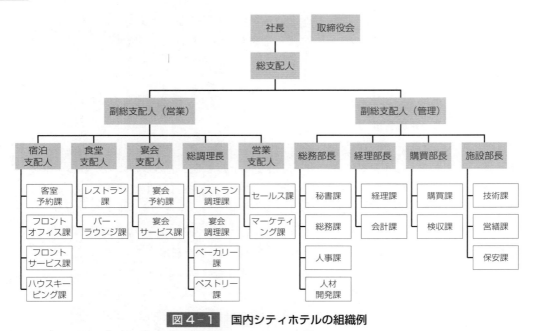

図4-1　国内シティホテルの組織例
出典）吉田雅也：ホテルビジネス2023—パンデミックを越えて—，三恵社，p.75，2022

（プロパティーマネジメントシステム）と呼ばれるシステムを使用してコントロールしている。近年では，その日の需要に応じて販売料金を変動させるレベニュー・マネジメント手法を取り入れているホテルも多く，そうした価格の決定を行うのも予約課の業務となっている。

　フロントオフィスは，主にフロントカウンターでチェックイン/アウト等のレセプション業務，客室のアサインメント（部屋の割り当て）等の業務を行う。フロントサービスには，ドアマン，ベル，コンシェルジュなどのセクションがある。ドアマンは，入り口周辺でゲストを出迎え，駐車場への案内やハイヤー等の手配を行う。ベルは，チェックイン/アウトの際のゲストアシストや，宅配便手配，ロビー周りでのサービス等を行う。コンシェルジュカウンターを設置している場合は，コンシェルジュがゲストの質問や要望に応え，道案内や店の紹介・予約手配など幅広いリクエストに応えている。

　ハウスキーピングは客室清掃とパブリックエリアの清掃を行う。多くのホテルでは清掃業務を外注業者に委託しているが，最終的なチェックを行う責任者はホテル従業員をエグゼクティブ・ハウスキーパーに任命して運用している。直接ゲストと接触する機会は少ないものの，顧客満足に大きな影響を与える商品を管理するため，重要な職務である。

　オペレーターは，外線/内線電話の取次ぎ，モーニングコール等の業務を行う。

　② 食堂部門　食堂部門は，一般にレストランとバー・ラウンジに分類される。ホテルのレストランは，フレンチ，イタリアン，洋食，中華，和食（会席料理，寿司，鉄板焼き）など，バラエティに富んでいる。また，宴会料理などの大量調理を得意とするホテルならではの施設として，ビュッフェスタイルのレストランも多くのホテルで営業している。また，客室ま

で料理をデリバリーするルームサービスもホテルならではのサービスである。

バー・ラウンジは，主にコーヒーや酒などのビバレッジ（飲料）を中心に提供する施設である。ロビーや見晴らしのよい上層階に設置されることが多く，待ち合わせなどで気軽に利用することができる。こうしたレストランやバー・ラウンジでは，ウェイター，ウェイトレス，ワインの専門家であるソムリエ，黒服を着たマネージャーなどの職種がある。

これら直営レストランに加えて，外部の飲食店をテナント（委託食堂）として入居させて，食のバラエティをさらに豊かにしているホテルもある。

③　**宴会部門**　宴会部門には，宴会予約と宴会サービスがある。宴会予約は，さらに婚礼とそれ以外の一般宴会とに分かれている場合がある。婚礼はウェディングプランナーがゲスト1組ごとに担当となり，披露宴当日まで数回にわたって詳細を決定していく。一般宴会は利用者，用途ともにさまざまなケースがあり，それぞれのゲストの要望を宴会としてつくり上げてゆく。宴会予約では，宴会イベントのプランニング，見積書作成，会計等の業務を行っている。

宴会サービスは，宴会予約担当が手配したプランに沿って，実際に宴会の運営を行う。多くの場合，ウェイターやウェイトレスは配膳人が担当し，ホテルの社員はインチャージ（責任者）として統括する。

④　**調理部門**　調理部門は，総料理長のもと，料飲各セクションに料理を提供する。レストランごとの調理場のほか，宴会部門の調理は，プレパレーション，コールド，ホットなどに分かれている場合もある。プレパレーションは食材の下処理や準備を行い，コールドはオードブルなどの冷菜，ホットはメインディッシュなど温かい料理を調理する。その他，パンを製造するベーカリーや，スイーツを担当するペストリーなどのセクションがある。

⑤　**営業部門（セールス＆マーケティング）**　営業部門には，セールス課，マーケティング課がある。セールス課は，セールスパーソンが営業活動を行う。旅行会社担当，一般企業担当，官公庁担当，海外セールス担当など，ターゲットとする客層ごとにチーム編成されている。マーケティング課は，マスコミ等への広報活動や宣伝，ウェブサイトの作成と更新，フライヤーやパンフレットなど販促物の制作などを行う。また，ディナーショーやウェディングフェアなどのイベントを企画する。

⑥　**管理部門**　総務・人事部門には，秘書課，総務課，人事課，人材開発課がある。秘書課は，社長や役員等の秘書業務を務めている。総務課は，会社の規定や文書取扱・管理，法務，株式会社の場合には株主総会関連の事務局業務などを行う。人事課（ヒューマンリソース課とも呼ばれる）は，採用，人事，給与計算，社会保険労務等を行っている。人材開発課（トレーニング課とも呼ばれる）は，従業員向けの研修を企画，実施する。研修には，新入社員研修，管理職研修，海外派遣研修等の特定の従業員に対する能力開発と，コンプライアンス教育や安全衛生，避難訓練等すべての従業員向けの講習会がある。

経理部門には，経理課（または主計課）と会計課（または収納課）がある。経理課は，財務諸表（貸借対照表，損益計算書，キャッシュフロー計算書など）を作成する決算業務，税務，資金繰り，予算管理などを行う。会計課は，日々オペレーション部門で計上される売上の帳票

類の精査，仕訳，請求書作成と売掛金回収等を行う。また，F&B（Food & Beverage）コントローラーという役職を置いて，料飲部門のコスト管理（管理会計）を行う場合もある。

購買部門には，購買課と検収課がある。購買課は，食材などの原材料をはじめ，さまざまな備品類など，各セクションから購入希望を取りまとめ，発注業務を行う。取扱うアイテム数は膨大で，取引する業者数もたいへん多いのが特徴である。検収課では，購買課が発注した物品を業者から受け取り，中身を精査して，在庫管理を行う。

施設部門（エンジニア）には，技術課，営繕課，保安課がある。技術課では，ボイラーや電気系統のメンテナンスを行う。ホテルは多数の客室に給湯したり，冷暖房したりするため，大型のボイラーが必要である。また，停電時などに備えて大型発電機も設置している。その他，各客室内の配管や空調のメンテナンスも客室数が多いほど業務量も増えていく。営繕課は，器具や備品の補修作業や，簡単な備品類の製作などを行う。保安課は，火災報知機や警備を担当する。

3）ホテリエに求められる3つの能力

ホテリエに求められる能力は，3つある。

第1にコミュニケーション能力が挙げられる。ホテルのゲストは日本人のみならず，外国人も多いため，正しい日本語と英語は必須スキルである。また，上述のとおりホテルでは部署間の連携が必要となるため，社内で一緒に働く従業員とのコミュニケーションも重要である。日頃から従業員同士のコミュニケーションを十分にとることによって，サービスの際にもチームワークを発揮することができるのである。

第2の能力は，情報収集力である。ゲストはホテル館内の施設のことや，ホテル周辺の観光などの情報を求める。そのときにスタッフが素早く的確に回答して情報を提供できることが望ましい。それ以外にも，ニュースや天気予報など，ゲストとの会話を豊かにするためにも，日頃から情報収集を行う努力が求められる。

そして最後に，ゲストや同僚の喜びを自らの喜びとして捉えられる心があれば，ホテリエとしての日々の仕事も充実したものとなる。ホテルではさまざまなゲストにサービスを提供するが，人間である以上，ときには失敗してしまうこともあるだろう。また自分に与えられた職務や同僚の態度に疑問を感じることもあるかもしれない。そのような出来事が起こったとしても，ゲストや同僚からの「ありがとう」という感謝の言葉に喜びを感じられれば，自分の職業に誇りをもって働き続けることができるのである。

4 宿泊業の魅力

宿泊業で働く最大の魅力は，人と人とのつながりを共創できることにある。訪れた旅人に対して，親切に世話を焼きたくなるのが人情であり，それこそがホスピタリティ精神の原点である。ホスピタリティの語源であるラテン語の「hospes」には，もともとゲスト（旅人）とホスト（主人）双方の意味がある。ホストはゲストを迎えると，食事と宿泊場所を提供して保護する。ゲストの気持ちに寄り添い，その人の願望や心配ごとを察知してもてなすこと

によって，ゲストが満足した姿を見ると，もてなした側も幸せな気持ちになれる。こうした利他的な精神は，今も昔も世界中で共通するものであり，人間の本質的な行為であると考えられる。

　ホテルや旅館を気に入ったゲストは，リピーターとなって，何度もスタッフとやりとりをするうちに関係性が深まっていく。これこそが宿泊業の醍醐味である。あのスタッフがいるから，もう一度あのホテル・旅館を利用したい，と思っていただけることは，何よりもうれしいものである。

　今後の宿泊需要の高まりに伴って，担い手であるスタッフの需要も高まることが予測される。

章のまとめ課題

❶　旅館やホテルで提供されている「非日常体験」の事例を調査し，分析してみよう。そのサービスの主なターゲット，代替サービスとの違い，施設の強みをどのように活かしているのかについて考察しよう。

❷　外国人による旅館の利用を増やすために，どのように魅力をアピールできるか，考えてみよう。

❸　あなたがホテル企業に就職した場合，どのようなキャリアパス（キャリアの道筋）が描けるだろうか。入社後30年間の理想的なキャリアを書いてみよう。

第4章　宿泊業

「おもてなし」の心で日本の文化を今に伝える旅館（佐賀・唐津「洋々閣」）。

国際観光の歴史を知ることができるクラシックホテル

箱根・宮ノ下「富士屋ホテル」のメインダイニングルーム

明治後期に関西の迎賓館として建てられた「奈良ホテル」

非日常空間を提供するホテルの客室（東京ステーションホテル）

（画像提供：千葉千枝子）

第5章 レジャー産業

ポイント
- 多種多様なレジャー施設のタイプについて理解する。
- 主要なレジャー施設が歩んできた歴史的経緯について理解する。
- レジャー施設が成功するための事業特性について理解する。

1 レジャー産業とレジャー施設事業の位置づけ

(1) レジャーの多様性と産業としての広がり

英語のレジャー (leisure) は日本語で「余暇，自由時間」を意味する。生活時間のうち，睡眠や食事，仕事や勉強，家事といった日常生活に欠かせない時間を除いた，いわば「自分で自由に使える時間」であることから，その過ごし方は千差万別である。テレビなどのマスメディアのみならず，インターネットやSNSを通じて大量，かつ多様な情報を手に入れられる現代において，レジャーは多様化が進んでおり，その全貌を捉えることは難しい。

そうしたなか，1977 (昭和 52) 年以降，日本におけるレジャー産業の動向や市場規模を調査・推計している『レジャー白書』(日本生産性本部) においては，日本人が楽しんでいるレジャーの種類を「スポーツ」「趣味・創作」「娯楽」「観光・行楽」「その他」に分類している (表5-1)。

表5-1 レジャーの主なタイプ

タイプ	主な内容
スポーツ	ジョギング，野球，サイクリング，ボウリング，サッカー，水泳，武道，ゴルフ，テニス，スキー，スノーボード，釣り，サーフィンなど
趣味・創作	文芸の制作（小説，詩など），写真の制作，動画（制作・編集・鑑賞），洋楽器の演奏，絵を描く，陶芸，模型づくり，園芸，料理，スポーツ観戦，映画，コンサートなど
娯楽	囲碁，将棋，カラオケ，ゲームセンター，麻雀，ビリヤード，パチンコ，宝くじ，競馬，外食，ディスコ，サウナなど
観光・行楽	遊園地・テーマパーク，ドライブ，ピクニック，登山，オートキャンプ，海水浴，動物園，植物園，水族館，博物館，旅行など
その他	バーベキュー，温浴施設，複合ショッピングセンター，アウトレットモール，エステティック，ペット，ファッション，ボランティア活動，SNS，オンラインゲームなど

資料）日本生産性本部：レジャー白書 2023，p.13, 2023

第5章　レジャー産業

　レジャー産業は，このように多様なレジャーニーズに対応した施設やさまざまなサービス
を提供するビジネスの集合体といえる。

（2）レジャー施設の位置づけと施設タイプ

1）レジャー施設事業の位置づけ

　観光資源としてみると，レジャー施設は海や山などの自然資源とは異なり，人間が開発・
運営する人文資源であり，経営努力を続けることで施設の魅力を維持・向上していくことが
不可欠である。

　なにより，その立地が事業の成否を握るロケーションビジネスであるため，ある場所で開
発しオープンすると，別の場所に移動したり，まったく異なる施設に変更したりすることは
現実的に難しい。装置産業としての側面もあることから，事業開始にあたり，土地の購入費
や建物・設備の建設費などで巨額の投資が必要になり，事業主体はそれに耐え得るだけの十
分な財務体力が必要となる。ビジネスとしてみると，難易度はかなり高い。レジャー施設を
経営する企業は，そうしたハードルを乗り越え，子どもから若年層，ファミリー，シニアま
で多くの人々を魅了し，レジャー産業の一翼を担っている。

2）レジャー施設のタイプ

　こうした点をふまえ，ここではテーマパーク，遊園地，動物園・植物園，水族館，ミュー
ジアム（博物館・美術館），日帰り温浴施設，公園・庭園，タワー・展望台をレジャー施設と
位置づける（表5-2）。

　テーマパークと遊園地の区分に代表されるように，レジャー施設の定義や分類については，
その分類基準に議論が分かれる場合も多い。企業によっては，よりプラスのイメージをもつ
テーマパークを称する施設もみられるが，実態は遊園地・レジャーランドといった例も少な
くない。

　経済産業省がかつて所管した「特定サービス産業実態調査」では，テーマパークは「入場
料をとり，特定の非日常的なテーマのもとに施設全体の環境づくりを行い，テーマに関連す
る常設のアトラクション施設を有し，パレードやイベントなどを組み込んで，空間全体を演
出する事業所」としている。一方，遊園地は「屋内・屋外を問わず，常設の遊戯施設を3種
類以上（直接，硬貨・メダル・カード等を投入するものを除く）有し，フリーパスの購入もしく
は料金を支払うことにより利用できる事業所」と位置づけられている。

　また，動物園，植物園，水族館，博物館・美術館（ミュージアム）を定義づける枠組みと
して，1951（昭和26）年に制定された博物館法が挙げられる。同法第2条では博物館について，
「歴史，芸術，民俗，産業，自然科学等に関する資料を収集し，保管（育成を含む）し，展示
して教育的配慮の下に一般公衆の利用に供し，その教養，調査研究，レクリエーション等に
資するために必要な事業を行い，併せてこれらの資料に関する調査研究をすることを目的と
する機関」と位置づけており，社会教育施設としての側面をもつことがわかる。ただ，同法
の対象外の「博物館類似施設」として運営される施設も多く，法律や制度の見直しを求める
声もある。

50

1　レジャー産業とレジャー施設事業の位置づけ

表5-2 レジャー施設の分類と主な施設

施設タイプ	主な施設	所在地
テーマパーク	東京ディズニーリゾート（東京ディズニーランド，東京ディズニーシー） ユニバーサル・スタジオ・ジャパン ハウステンボス サンリオピューロランド キッザニア東京	千葉県浦安市 大阪市此花区 長崎県佐世保市 東京都多摩市 東京都江東区
遊園地	東京ドームシティ アトラクションズ よみうりランド ひらかたパーク 西武園ゆうえんち 富士急ハイランド	東京都文京区 東京都稲城市 大阪府枚方市 埼玉県所沢市 山梨県富士吉田市
動物園・植物園	東京都恩賜上野動物園 名古屋市東山動植物園 天王寺動物園 旭川市旭山動物園 東武動物公園	東京都台東区 名古屋市千種区 大阪市天王寺区 北海道旭川市 埼玉県宮代町
水族館	沖縄美ら海水族館 サンシャイン水族館 新江ノ島水族館 鴨川シーワールド 海遊館	沖縄県本部町 東京都豊島区 神奈川県藤沢市 千葉県鴨川市 大阪市港区
博物館・美術館 （ミュージアム）	東京国立博物館 国立科学博物館 金沢21世紀美術館 国立新美術館 広島平和記念資料館	東京都台東区 東京都台東区 石川県金沢市 東京都港区 広島市中区
日帰り温浴施設	スパリゾートハワイアンズ 箱根小涌園ユネッサン 東京ドーム天然温泉スパラクーア スパワールド世界の大温泉 ナガシマリゾート（長島温泉湯あみの島など）	福島県いわき市 神奈川県箱根町 東京都文京区 大阪市浪速区 三重県桑名市
公園・庭園	国営昭和記念公園 国営ひたち海浜公園 特別名勝 兼六園 新宿御苑 ふなばしアンデルセン公園	東京都立川市 茨城県ひたちなか市 石川県金沢市 東京都新宿区 千葉県船橋市
タワー・展望台	東京タワー 東京スカイツリー あべのハルカス ニデック京都タワー 中部電力 MIRAI TOWER（旧・名古屋テレビ塔）	東京都港区 東京都墨田区 大阪市阿倍野区 京都市下京区 名古屋市中区

（筆者作成）

51

第5章　レジャー産業

2 主な施設にみるレジャー産業の歴史

（1）テーマパーク，遊園地の歴史

1）鉄道会社による沿線開発の活発化

　日本における遊園地の始まりは「浅草花やしき」（東京都台東区）とされる。浅草花やしきは江戸時代後期の1853（嘉永6）年頃，現在の植物園のような機能をもった「花屋敷」として開業し，1872（明治5）年頃には機械式の遊具を導入し利用料を収受していた。

　その後，明治時代末期から昭和時代初期にかけての業界草創期に遊園地・レジャーランド事業をけん引してきたのは，鉄道会社である。鉄道会社は，本業である鉄道輸送に加え，住宅開発や商業施設・ホテル開発など，沿線住民の利便性向上とともに自社の収益源確保を目的として事業の多角化を図り，沿線のブランド価値を高めてきた。沿線における遊園地などレジャー施設の開発も，そうした経営戦略の一つに位置づけられる。

　その起源ともいえるのが，「宝塚ファミリーランド」（現在は閉園，兵庫県宝塚市）をはじめ，阪急電鉄の創業者・小林一三が宝塚一帯を大規模開発した取り組みである。1910（明治43）年，箕面有馬電気軌道（現在の阪急電鉄）が，「宝塚新温泉」を開発。鉄道敷設による集客施設経営に自信を得た同社は，その後，「宝塚温泉パラダイス」「少女唱歌隊」（宝塚歌劇団の前身）など，断続的に新施設を開発し，「宝塚ファミリーランド」の完成に結びつけた。

　同様に，京阪電気鉄道が1912（大正元）年にオープンした「枚方遊園地」（現在のひらかたパーク。大阪府枚方市）も沿線開発の一環といえる取り組みとされ，同施設は国内で営業期間が最も長い遊園地の一つとして，現在も営業を続けている。

　首都圏においても，大正時代に入るとその周縁部で遊園地の開発が目立つようになる。1922（大正11）年には京成電鉄（旧・京成電気軌道）が「谷津遊園」を，東急電鉄（旧・東横電車）が「多摩川園」を開設したのをはじめ，1926（大正15）年には「豊島園」（西武鉄道），翌1927（昭和2）年には「向ヶ丘遊園」（小田急電鉄），「多摩川原遊園」（京王電鉄）などが開業し，鉄道会社による遊園地事業の流れを形成した。こうして，初期の遊園地は大都市郊外を中心に展開されることとなる。

2）大規模遊園地が大都市郊外に続々とオープン

　第二次世界大戦後の復興のさなかにあった1955（昭和30）年には，都心立地の「後楽園」（後楽園スタヂアム，現・東京ドームシティ アトラクションズ）が開業。後楽園には，「ジェットコースター」と名づけられた絶叫マシンが導入され，これ以降続く郊外型の大規模遊園地における集客アイテムの一つとして欠かせないものとなる。

　1961（昭和36）年には各種アトラクションのほか，スケートリンクやプールといったスポーツ施設，ホテルなどを付帯した富士急グループの「富士急ハイランド」（山梨県富士吉田市），1964（昭和39）年には，人工スキー場をはじめとするスポーツ施設やプロ野球の練習場なども設けた読売新聞グループによる「よみうりランド」（東京都稲城市）や，小田急電鉄の「小田急御殿場ファミリーランド」（1974〔昭和49〕年，〔以下，年号は開業年〕現在は閉園，静岡県

御殿場市）などが開業し，郊外型・大規模遊園地の先鞭をつけた。遊園地と国際的なサーキットで構成される「鈴鹿サーキット」（1963〔昭和38〕年，三重県鈴鹿市）も誕生するなど，遊園地としてのアトラクションに加え，多様な機能を複合する施設が増えていった。

3）テーマパークの時代における光と影

こうした遊園地事業の隆盛を背景に，日本でもついにテーマパークが登場する時代となった。日本における"テーマパーク元年"は，「東京ディズニーランド」（千葉県浦安市）および「長崎オランダ村（現在のハウステンボスの前身）」（長崎県佐世保市）が開業した1983（昭和58）年とされる。京成電鉄や三井不動産などによって設立されたオリエンタルランドが運営する東京ディズニーランドは開業以来，年間1,000万人以上を集客し，集客規模，売上において今なお日本のテーマパークを代表する。「長崎オランダ村」は，それ以降増加した外国をモチーフとしたテーマパークのはしりといえる。

その後，2001（平成13）年3月に「ユニバーサル・スタジオ・ジャパン」（大阪市此花区）が開業するとともに，同年9月には東京ディズニーランドの隣接地に「東京ディズニーシー」が誕生し，東京湾に面する浦安市南西部の舞浜エリアがオリエンタルランドによって「東京ディズニーリゾート」と位置づけられた。こうして，東西二大テーマパーク時代が幕開けした。愛知県では「レゴランド・ジャパン・リゾート」（2017〔平成29〕年，名古屋市港区），「ジブリパーク」（2022〔令和4〕年，愛知県長久手市）がオープンし，日本の三大都市圏にテーマパークが揃うこととなった。

一方で，日本のテーマパーク事業には負の側面もみられた。中曽根康弘内閣が主導した「民活ブーム」に加え，1987（昭和62）年に総合保養地域整備法（いわゆるリゾート法）が施行されたことにより，1990年代を中心に全国各地でリゾート開発の一環として"テーマパーク"と称する立寄り型観光施設が次々と開発されたのである。しかし，その多くは地方自治体と民間企業が共同で出資し設立された第三セクター方式によるもので，民間企業に比べ経営責任が曖昧だったこともあり，経営破たんに陥る施設が相次いだ。その背景には，第三セクターが抱える課題に加え，テーマパークとして明確なコンセプト設定がなかったこと，見通しの甘い事業収支に基づいた過大投資などがあった。

4）都市型エンターテインメント施設の開発が活発化

都市観光の分野では，大都市を中心にタワー・展望台がランドマークとして位置づけられ，存在感を示してきた。東京においては長らく，「東京タワー」（1958〔昭和33〕年，東京都港区）がシンボルともいえる存在で，観光対象にとどまらず，映画やドラマ，歌の舞台としても登場し世界的に知られるようになった。2012（平成24）年には，東京・押上に「東京スカイツリー」が自立式電波塔では世界一の高さとなる634mの規模で誕生した。「すみだ水族館」や商業施設「東京ソラマチ」なども付帯した複合施設「東京スカイツリータウン」として，開業初年度に約5,000万人超を集客し，東京観光の新たな拠点となっている。東京以外では，「名古屋テレビ塔」（現在の中部電力MIRAI TOWER，1954〔昭和29〕年，名古屋市中区），「さっぽろテレビ塔」（1956〔昭和31〕年，札幌市中央区）といった放送用電波塔と展望台の兼用施設のほか，観光客をターゲットとした専用展望台としては「通天閣」（1956〔昭和31〕年，大阪

市浪速区），「ニデック京都タワー」（1964〔昭和39〕年，京都市下京区）などが挙げられる。

　2000年代に入り目立ってきたのが，ショッピングセンターや都市の複合施設などにおける「エンターテインメント化」の動きである。ショッピングセンターなどに，シネマコンプレックス（複合映画館）やアミューズメント施設，"食"を多彩に楽しめる空間を形成したフードテーマパークなどを複合することで，買い物の場からの脱却を図ろうとした。首都圏をはじめ，地方の拠点都市などにおいては，観覧車を付帯するショッピングセンターや複合施設の開発が相次いだ。

（2）動物園，植物園，水族館の歴史

　1882（明治15）年，わが国初の動物園である現在の「東京都恩賜上野動物園」（旧・農商務省附属博物館動物園）が東京・上野に開設された。同動物園は，1972（昭和47）年に日中友好の証として中国から来たジャイアントパンダが大人気となり，初日で約1万8,000人を集め，パンダブームを巻き起こした。このほか，「天王寺動物園」（1915〔大正4〕年，大阪市天王寺区）や「名古屋市東山動植物園」（1937〔昭和12〕年，名古屋市千種区）など，公立の動物園が大都市で開設されたほか，西日本鉄道による「到津の森公園」（1932〔昭和7〕年，北九州市小倉北区）など民間事業者の開発もみられた。多くの動物園は，子どもをはじめ人々に人気のある動物や珍獣を見せる場としての性格を強くし，立寄り型の観光施設として魅力を高めるために遊戯施設などを付帯するようになった。

　1970年代後半には，ケニアの自然動物園・サファリをモチーフとしたサファリパークの開設が相次いだ。観光地の周辺に立地し，自家用車に乗りながら自然のなかの動物の様子を観賞できることもあり，モータリゼーションとも相まって人気を呼んだ。1975（昭和50）年開設の「宮崎サファリパーク」は翌年には140万人が訪れたものの，徐々に集客数は減少し，1986（昭和61）年，閉園に至った。現在では「アドベンチャーワールド」（1978（昭和53）年，和歌山県白浜町），「群馬サファリパーク」（1979〔昭和54〕年，群馬県富岡市），「富士サファリパーク」（1980〔昭和55〕年，静岡県裾野市），「姫路セントラルパーク」（1984〔昭和59〕年，兵庫県姫路市）など，大都市周辺の日帰り圏内に立地する施設のみとなっている。

　今，動物園は，「生態展示」「行動展示」を通じて「見せる」ことの意味合いを捉え直し，再生への道を歩みつつある。1999（平成11）年開業の「よこはま動物園ズーラシア」（横浜市旭区）は，生息地域ごとに動物を紹介する生態展示（生息環境展示）を導入し，新たな流れをつくった。チンパンジーの綱渡りやペンギンの散歩など，動物の生活のありのままを見せることにより行動展示に工夫を凝らした北海道の「旭川市旭山動物園」は2004（平成16）年，7，8月の夏休み期間中には上野動物園の入園者数を抜き，動物園の集客数全国一となった。以後，同施設は，道内はもとより，全国各地から集客可能な施設へと変貌を遂げ，今では北海道観光の主要目的地の一つとなり，観光施設再生の好例として注目を集めている。

　水族館は，1960〜70年代にかけて整備が活発化し，1990年代には「海遊館」（1990〔平成2〕年，大阪市港区）に代表されるような大型かつ特殊な水槽を導入した施設が増えはじめ，2000年代前半には「沖縄美ら海水族館」（2002〔平成14〕年，沖縄県本部町）のような大型水

族館の開発が続いた。水族館は，観光地に立地する施設のほか，ウォーターフロントなど都市開発における集客機能の一つとして整備されることが多い。

観光地立地には，房総半島の「鴨川シーワールド」（1970〔昭和45〕年，千葉県鴨川市）や江ノ島観光のシンボルともいえる「新江ノ島水族館」（2004〔平成16〕年，神奈川県藤沢市）などがあり，都市立地としては，「サンシャイン水族館」（1978〔昭和53〕年，東京都豊島区）や「東京都葛西臨海水族園」（1989〔平成元〕年，東京都江戸川区）などがある。

（3）博物館・美術館（ミュージアム）の歴史

博物館・美術館は，第二次世界大戦前には国策として「東京国立博物館」（1872〔明治5〕年，東京都台東区），「国立科学博物館」（1877〔明治10〕年，東京都台東区）といった基幹的な施設が整備されてきた。戦後は博物館法に基づいて，1950年代から高度経済成長期にかけては公立博物館・美術館の開設が進み，1980年代には「県政100周年」を記念した県立美術館や博物館のオープンが多くみられた。

私立美術館では，財閥をはじめとする実業家や収集家によって開設された施設が多い。岡山県倉敷市を本拠に活動した実業家・大原孫三郎による「大原美術館」（1930〔昭和5〕年，岡山県倉敷市），東武鉄道の社長などを歴任した初代・根津嘉一郎のコレクションを展示する「根津美術館」（1940〔昭和15〕年，東京都港区），島根県出身の実業家・足立全康のコレクションを庭園美のなかで紹介する「足立美術館」（1970〔昭和45〕年，島根県安来市）など，展示内容に定評のある施設も多い。

私立博物館（企業ミュージアム）は，1970年代以降相次いで開設された。企業ミュージアムは，博物館事業を通じて潜在顧客などとの接点をもつことで企業ブランドの向上をめざすとともに，社会・地域貢献，技術の伝承といった目的により開設されてきた。

主な企業ミュージアムとしては，王子製紙による「紙の博物館」（1950〔昭和25〕年），ミキモトの「ミキモト真珠島（真珠博物館）」（1951〔昭和26〕年），トヨタグループの「産業技術記念館」（1994〔平成6〕年），洋食器製造のノリタケカンパニーリミテドによる「ノリタケの森」（2001〔平成13〕年，名古屋市西区），日清食品の「カップヌードルミュージアム横浜」（2011〔平成23〕年，横浜市中区）などが知られている。

近年は，工場見学を主体とするオープンファクトリーも各地で整備されている。北海道土産で有名な石屋製菓の「白い恋人パーク」（1995〔平成7〕年，札幌市西区），静岡土産の菓子をテーマとした春華堂の「うなぎパイファクトリー」（2005〔平成17〕年，浜松市西区），明太子製造・販売のかねふくによる「かねふくめんたいパーク」（2009〔平成21〕年，茨城県大洗町ほか）など，新たな顧客開拓をめざす民間企業によって積極的な参入がみられる。

（4）日帰り温浴施設の歴史

1950年代後半から1960年代後半にかけて，経済の高度成長期を迎え，レジャーが大衆化していくなか，日本のレジャー事業史に足跡を残したのが，「船橋ヘルスセンター」（1955〔昭和30〕年，現在は閉館，千葉県船橋市）と「常磐ハワイアンセンター」（1966〔昭和41〕年，福島

第5章　レジャー産業

県いわき市，現在のスパリゾートハワイアンズ）の2大温浴施設である。

　船橋ヘルスセンターは東京湾に面する約36万m²の敷地に，巨大ローマ風呂などの屋内温浴施設を中心として，海水プール，遊園地，大劇場，ボウリング場，結婚式場，飲食施設，貸切広間などを配し，最盛期には年間400万〜500万人を集客し，首都圏住民の圧倒的な支持を得るまでになった。すでに閉館したものの，1981（昭和56）年には，三井不動産の大型商業施設「ららぽーとTOKYO-BAY」（開業時は，ららぽーと船橋ショッピングセンター）として生まれ変わり，周辺は現在，東京湾岸エリアにおいても屈指の商業集積を誇っている。

　常磐ハワイアンセンターは，大型ドーム内にプールやウォータースライダーなどを設けた屋内型の温浴施設として開業した。福島県いわき市で採掘されてきた炭鉱の生産量減少に伴い，常磐興産の新規事業として全くの異業種であるレジャー施設のプロジェクトであった。東京都心から100km以上離れており，高速道路・特急電車を利用して都内から約2時間を要する不利な立地にありながら，年間100万人前後の集客を継続している。その要因は，「ハワイ」という明確なテーマのもと，その経緯が映画にもなったように，自社で舞踊学校を設立しダンサーを養成することでフラダンスをメインコンテンツとして位置づけたことに加え，ファミリーや三世代での利用をターゲットにして継続的な集客営業を徹底してきたこと，温浴施設を中心に追加投資を定期的に実施してきたことなどが挙げられる。

　両施設を筆頭に，都市郊外には「ヘルスセンター」や「健康ランド」のような温浴機能を主体としたレジャー施設が開設された。温泉に加えて若い世代やファミリーを対象に屋外プールや各種アトラクションなどを付帯した「長島温泉」（現在のナガシマリゾート，1964〔昭和39〕年，三重県桑名市），温泉に屋外・屋内プールを付帯した「箱根小涌園ユネッサン」（2001〔平成13〕年，神奈川県箱根町）が大規模施設として知られる。プールを主体とした「東京サマーランド」（1967〔昭和42〕年，東京都あきる野市）のような「アクアパーク」の開設もみられた。

　1990年代に入ると，地方自治体による日帰り温浴施設（温泉保養センター）の開発が活発化した。これは，1988（昭和63）年に竹下内閣が実施した「ふるさと創生資金」によって全国の市町村に一律で使途自由の交付金が配られたことが背景にある。「降って湧いた」交付金の使途に悩む自治体も多く，地域社会・経済の活性化，地域住民の健康増進などの大義のもと，「掘れば出る」といわれる日本特有の自然条件を活かして温泉掘削に励んだ。

　さらに，ガット（GATT，関税および貿易に関する一般協定）・ウルグアイラウンド対策の農業構造改善事業補助金，地域振興や住民福祉を旗印にした起債や補助金などをもとに日帰り温泉を核とした観光・交流施設の開発も進み，全国各地に低廉な価格で利用できる日帰り温浴施設が多数開設されることとなった。

　都市部では1990年代後半から2000年代前半にかけて，商業施設などに付帯して"スーパー銭湯"と呼ばれる日帰り温浴施設の開発が相次いだ。スーパー銭湯事業で最大手の「極楽湯」のような専業企業は少なく，不動産，建設，鉄道，電力・ガスなど土地を大規模に所有する大手・有力企業や，自社の商業・レジャー施設との相乗効果を期待する企業などによる新規参入が多く，一部地域では激しい競合もみられた。気軽に利用できる日帰り温浴施設を通じて，都市住民にとって温泉は身近な存在になったといえる。

56

3 レジャー施設の事業特性と今後の方向性

(1) レジャー施設の事業サイクル

　多くのレジャー施設は，オープン直後に最も注目を集め，集客数は最高を記録する。オープンすると，時間の経過とともに，新しい競合施設に話題をさらわれ，集客数も減少していくのが一般的である。集客数の減少に伴って売上げも減少すると，施設運営はもとより，企業経営の継続も難しくなる。こうした事態に陥らないよう，企業が存続することを前提に，レジャー施設の事業サイクルをスムーズに継続していくことが求められる（図5-1）。

　事業サイクルは，レジャー施設の「開発」にはじまり，オープン後の「運営」を軌道に乗せ，「集客」向上による「収益」の確保，さらには，施設にこれまでと異なる魅力を創出する「追加投資」（再投資）の実行に向け，常に動かし続けられる。オープン後の運営，集客，収益，追加投資を着実に実行することが，レジャー施設経営にとっては重要である。

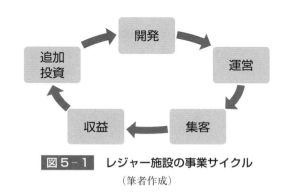

図5-1 レジャー施設の事業サイクル
（筆者作成）

(2) レジャー施設の事業ポイント

　レジャー施設の事業サイクルを考える際には，オープンまでの開発面と，オープン後の運営面において，4つのポイントが重視される。開発面では立地選定とコンセプト設定，運営面ではリピーター獲得と追加投資のタイミングが特に重要である。

1）立地選定

　レジャー施設の開発を検討する際に，最も重視されるのが立地である。より多くの人々が来場しやすい地域，つまり東京や大阪，名古屋といった大都市に近ければ近いほど集客は有利である。日本では，首都圏（東京都区部＝23区を中心に都内，埼玉県，千葉県，神奈川県など）を筆頭に，京阪神圏（大阪府大阪市を中心に京都府，兵庫県など），中京圏（愛知県名古屋市を中心に岐阜県，三重県など）と呼ばれる，人口が極端に多い三大都市圏に立地することが事業成功に向けた第一歩といえる。

　ただ，こうした大都市圏は土地の価格が高いことから，レジャー施設を開発する際にはハードルになることが多く，郊外や地方部など人口密集地域と距離がある立地を選択せざるを得ない場合もある。その際には，顧客が「時間的・経済的障壁をクリアしてでも行きたい」と思わせるだけのハードウェア（アトラクションの新設や魅力的なリニューアルなど），ソフトウェア（イベント，特典の実施など），ヒューマンウェア（ホスピタリティの充実など）といった施設の魅力を十分に用意して迎える必要がある。

　加えて，実際の立地選定においては，周辺に競合する施設があるかどうか，顧客の主なア

第5章　レジャー産業

クセス手段には何があるか（自動車か鉄道か）といった点も考慮しなくてはならない。

2）コンセプト設定

レジャー施設の開発計画を検討するにあたっては，入念に施設コンセプトを設定する必要がある。マーケティングの考え方に基づき，ニーズや属性（年齢，性別，家族構成，居住地など）に即して顧客を分類する「セグメンテーション」，その分類をふまえ自社のレジャー施設がどのような顧客を対象とするのかを確定する「ターゲティング」について十分に検討したうえで，施設計画を整える。

コンセプトは自社の施設をわかりやすく，親しみやすい形で顧客に伝える機能があり，施設内容・デザインをはじめ，広告・宣伝，オリジナル商品の開発など，その方向性は幅広い分野に関わる。コンセプトを目に見える形で表現するうえで，施設オリジナルのキャラクターは有力なツールとなる。独自性が高いキャラクターは知的財産（IP＝Intellectual Property）として法的に保護され，他社に真似されることなく，独占して使用することができるため，強力にコンセプトを訴求することが期待できる。そのため，主要なレジャー施設では，子どもや若年層に人気の高いキャラクターを保有する例が多い。

1980年代後半から90年代初めにかけて，地方自治体と民間企業の共同出資で設立された第三セクター方式によるレジャー施設がその後衰退した大きな理由は，施設の魅力のベースとなるコンセプトやテーマ設定があまりにも安易だった点にある。縁もゆかりもない地域に特定の外国をテーマに開発した例や，「自然，アミューズメント，最新技術，キャラクター」など多くの要素を詰め込みすぎてテーマの一体性やコンセプトの明確性に欠ける例が散見された。その地域ならではの自然環境や動植物，特産品など「そこにしかない必然性」を訴求することや，「強烈な印象を残す一貫性」を，いかに演出できるかが勝負といえる。

3）リピーター獲得

レジャー施設の運営において集客を考える際には，リピーターの獲得がポイントになる。どんなに魅力的なアトラクションを用意した施設であっても，その集客効果は永久ではない。近くに似たような施設がオープンし，より魅力的なイベントやサービスを提供する施設が登場すれば，顧客の関心は新しいほうに移るのが常である。安定的な集客，収益をめざすのであれば，新しい顧客獲得に多大な労力を費やすより，施設を気に入って何度も来場してくれるリピーターやファンをいかに確保していくかを考えるほうが得策である。

リピーターを獲得するメリットとして，施設の集客・売上げが安定するとともに，広告・宣伝費用を必要最低限に抑えられるので集客コストの節約が見込める点が挙げられる。リピーターが増えることでさらに人気を呼ぶ好循環が生まれ，施設のブランド価値向上も期待できる。東京ディズニーリゾート来園者のうち，90％以上が「2回目以上の来園」であることからも，リピーターの重要性は証明されている。リピーター獲得を円滑に進めるうえでも，慎重な立地選定，丁寧なコンセプト設定に基づいたレジャー施設開発が前提となる。

4）追加投資のタイミング

新たな顧客を開拓し，リピーターを獲得していくためには，新規アトラクションの導入をはじめとした施設・設備のリニューアル，来場を促すためのイベント企画・運営など，レジャー

3 レジャー施設の事業特性と今後の方向性

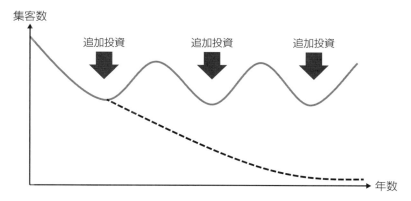

図5-2 追加投資の重要性

資料）溝尾良隆：観光を読む―地域振興への提言―，古今書院，p.72，1994を基に筆者作成

施設の魅力を維持・向上する追加投資のタイミングが重要である。追加投資を惜しむと，レジャー施設の集客数は時間の経過とともに自然と減少し，オープン直後の最高集客数に戻ることはほとんどないのが一般的である。

そこで，集客数が落ち込む前に追加投資を実行することでレジャー施設としての魅力を維持・向上させる必要がある（図5-2）。追加投資の効果は，時間の経過とともに低くなっていくので，継続して実行することが求められる。追加投資を継続的に実行できるだけの資金を確保するとともに，その企画内容が問われるため，経営者にとっては腕の見せどころといえる。

（3）レジャー施設経営の将来

レジャー施設経営は複雑性に富む。開発においては不動産業，アトラクション運営では装置産業（製造業），飲食・物販，チケット販売や接客では小売り・サービス業というように，一つの事業体のなかに性格の異なる事業的側面を複数有している点が，大きな障壁といえる。運輸業や製造業など異業種から参入するケース，複数事業者による合弁企業が展開するケースが多くみられ，創業から専業で手がける企業は少ない。事業を成功に導くためには，不動産開発・投資，設備・メンテナンス，営業，接客，調理，人事・教育，会計など専門性の高い人材を揃えるとともに，そうした人材が有機的に連携を図り，能力を発揮できる組織をつくりあげることが肝要である。加えて，レジャー施設経営では，季節・天候の影響，平日と休日との繁閑差といった，自らの意思でコントロールできない制約による影響も大きい。

今後のレジャー施設経営においては，こうした障壁を可能な限り少なくし，集客や収益をより安定化させる工夫が求められる。曜日や時間帯によって入場料を変更するダイナミックプライシング（変動価格制）の導入は，そうした取り組みの一つである。

オープン以来，日本のレジャー産業を牽引してきた東京ディズニーリゾートの取り組みには学ぶ点が多い。国内で唯一，「ディズニー」ブランドでテーマパークを運営できる強みはある

第5章 レジャー産業

ものの，巨大な首都圏マーケットを背景にした好立地，収益を裏づけとしたアトラクションやイベントへの追加投資，パーク周辺の商業施設やホテル配置による複合リゾート形成のほか，子ども時代は親と来園，成長するにつれて友人・恋人と，そして自分が親になり子どもと来園，といった長期的なリピーターづくりの仕組みを構築してきた。レジャー施設の事業サイクルを丁寧に実行してきたことにより，世界でも屈指のテーマパークが実現したのである。

　施設規模の大小はあれ，レジャー施設の事業ポイント（立地，コンセプト，リピーター，追加投資）をクリアし，事業サイクルを着実に展開することが，レジャー施設経営の成功確率を高める唯一の道といえる。

🌐 章のまとめ課題

❶　自分が最も気に入っているレジャー施設を思い浮かべ，どのような部分に魅力を感じているか，ハードウェア，ソフトウェアの２つの視点で挙げてみよう。

❷　❶で思い浮かべたレジャー施設について，経営上の課題はないだろうか。ハードウェア，ソフトウェアの２つの視点で挙げてみよう。

❸　レジャー施設のリピーターを獲得するうえで重要な取り組みを３つ挙げてみよう。

第6章 ブライダル産業

ポイント
・結婚式の歴史と価値観の変化を理解する。
・ブライダル業界と結婚式に関わる業種について理解する。
・ブライダル業界の抱える今後の課題を理解する。

1 近年のブライダル

(1) 結婚式の歴史

　ブライダル産業を学ぶうえでは，婚礼の歴史，そして時代ごとの流行の変化を理解しておく必要がある。

1) 結婚式の誕生

　わが国において，結婚式の起源が記された最も古い書物は，712年にまとめられた『古事記』である。これによると日本は，伊弉諾尊と伊弉冉尊の結婚により誕生したとされている。古代の日本人は，特に結婚の儀式をもたず，男性がヨバヒ（呼ぶ，歌を詠む）により女性に声をかけ，相手の女性が許せばそこから交際が始まる「妻問婚」の形態を取っていたが，平安時代になると女性の親が婿を決める「婿取婚」へと変化する。

　武家社会の鎌倉・室町時代には，女性が男性の家に入る「嫁入婚」の形態になるが，家と家の結びつきを重視するために政略結婚も行われたとされる。婚の家に入ることから，女性が生まれた家に顔を見せる里帰りも生まれた。三三九度で知られる「三献の儀」，披露宴の起源となる祝宴や色直し，引き出物など，結婚式でみられる儀礼や慣習も誕生した。

　江戸時代になると，庶民の間でも結婚の儀式がみられるようになり，親が結婚相手を選ぶ「見合婚」が行われるようになる。結婚の約束をした相手を「許嫁」と呼び，子が小さな頃から親同士で結婚を約束することもあった。裕福な家では，嫁の乗った輿を婿の家に担ぎ入れる「輿入れ」が行われ，「嫁入り行列」を組んでたくさんの嫁入り道具を華やかに運び込んだ。花道を歩くことから花嫁と呼ばれ，白無垢，振袖や留袖などの花嫁衣装がみられるようになった。しかし，庶民は仲人を借家の保証人などに頼み，親戚や友人を集めて慎ましやかな祝事を行っていた。個人宅で嫁と婿が向い合い，三三九度や親子・親族との盃を交わしたが，特別な婚礼衣装ではなく，普段着で行われることもあった。

2) 近代の結婚式

　日本で神前式が一般に広まるきっかけとなったのが，1900（明治33）年に行われた当時の皇太子嘉仁親王殿下（大正天皇）と九条節子妃のご結婚式である。皇室の歴史上，初めて，盛装したお二人が皇居にある宮中三殿に拝礼し，神の前で結婚の誓いを立てる神前式スタイ

61

第6章　ブライダル産業

ルであった。翌年に日比谷大神宮（現在の東京大神宮）が皇室の婚儀を参考に神前式の様式を定め，女学校学生による模擬神前式が行われると，日比谷大神宮で神前式，帝国ホテルで披露宴を行う現在につながるスタイルが生まれ，庶民の間でも神前結婚式が広まった。

1909（明治42）年に永島式結婚式が生まれると，ホテルだけでなく会館，個人宅で結婚式を簡便かつ厳粛に行えるようになり，庶民の間にも神前式はさらに定着した。永島式結婚式とは，神主，巫女，雅楽演奏者をはじめ神前式に必要な道具一式を出張形式で提供する結婚式をいう。当時，ホテルでの披露宴は上流階級に限られたが，永島式結婚式により神前式がホテルで行えるようになると，美容・着付けや写真撮影などもセットにして，帝国ホテル内で挙式の後に披露宴を行うようになった。これがホテルウエディングの始まりといえる。

1945（昭和20）年に第二次世界大戦が終結すると経済的な不況が続いたが，専門の結婚式場が次々と誕生した。そうしたなかで，短い時間で行えることから神前式が庶民にも普及して，個人宅で行う家内結婚式から神社で行う神前式に，披露宴は旅館や料亭で行うようになっていった。婚姻件数は年々増え，そこで生まれた第一次ベビーブーム世代が結婚適齢期を迎えた1970年代には，婚姻件数も100万件を超えピークに達した。政府が行った国民所得倍増計画により高度経済成長期を迎えると，人々の生活は豊かになり，庶民の結婚式もホテルや結婚式場，料亭，公民会館などで行われるようになる。

有名人やスポーツ選手の華やかなホテルでの結婚式や海外での挙式が多く報道されるようになると，挙式スタイルも神前式から，徐々に洋装でのキリスト教会式へと変化していった。一般的には高額な海外旅行であったが，新婚旅行を兼ねて海外で挙式するスタイルもみられるようになり，婚礼衣装企業が海外に出店を始めた。都内では施設内にチャペルをつくり，キリスト教会式が行えるホテルも登場した。

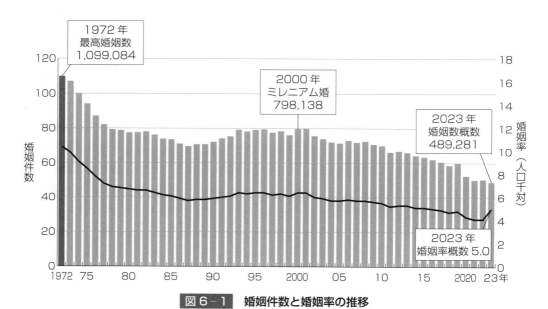

図6-1　婚姻件数と婚姻率の推移

出典）厚生労働省：人口動態統計の年間推移2023より筆者作成

（2）近年の結婚式

1）1980年代の結婚式

1981年に行われたチャールズ皇太子とダイアナ妃のロイヤルウエディングで，さらにキリスト教会式での結婚式が盛んになった。1980年代後半から1990年代初めのバブル景気と相まって，結婚式の総支出額も増え，結婚式は派手婚やバブル婚といわれた。ドライアイスによるスモークやシャボン玉の中からの登場，豪華な衣装にお色直ししてキャンドルサービスでの再入場，ミラーボールなどを使った照明やゴンドラに乗って宴会場に降り立つなど，派手な演出が多くみられるようになる。派手な演出での盛り上がりとは逆に，1972（昭和47）年には100万件を超えていた婚姻件数から80万件を下回ったのもこの時代であり，未婚化という言葉も聞かれるようになった。第一次ベビーブームで生まれた団塊世代が結婚適齢期を経過し，適齢期の人口が減少したことや，女性の高学歴化や社会進出による晩婚化が要因とされている。

2）1990年代の結婚式

1990年初めにバブル経済が崩壊すると，それまでの豪華な結婚式のスタイルとは別に，費用を抑えたいという考えから入籍だけで済ませるカップルや写真だけのフォトウエディング，会食だけの小規模な結婚式を行う地味婚層も現れ，結婚式は派手と地味の二極化が進んだ。それまで有名人の挙式，披露宴はテレビ中継されることも多かったが，入籍だけで済ませる有名人が増えたことも地味婚層を生んだ要因といえる。

結婚式が多様化するなかで，結婚式は費用と効果を考えたオリジナル婚の時代を迎える。1993（平成5）年には結婚情報誌「ゼクシィ」（リクルート）が創刊され，より人とは違う演出を重視し，自分たちらしさを求める傾向が強くなった。式場も個性的になり，1997（平成9）年にゲストハウススタイルの施設が生まれた。レストランウエディングも多くみられるようになり，船上や水族館，美術館といった施設が結婚式に使われることもあった。1980年代にみられ始め海外ウエディングや，軽井沢，沖縄などの国内リゾート地で行うリゾートウエディングも人気を集めた。結婚式が多様化する一方で，自分たちらしさを求め過ぎた結果，二人が中心の進行や演出となり，列席したゲストが置き去りになることもあった。

3）2000年代の結婚式

2000（平成12）年にはミレニアム婚という言葉も生まれ，切りのよい年での挙式が多くみられたため，前後の年では婚姻数の減少につながった。ゲストハウススタイルの施設が急成長し，貸切レストランでの披露宴も増加したが，専門結婚式場は減少した。挙式スタイルはキリスト教会式が急増し，神前式が減少した。また，神仏などに結婚の誓いを立てるのではなく，親族や友人などの列席者が証人となる挙式スタイル，いわゆる人前式が増えた。この時代の結婚式は，おもてなし婚といわれ，招待客を中心として考え，結婚する二人はホスト・ホステス役となり，ゲストをもてなすことに重点が置かれた。特に料理に力を入れる傾向があり，単価としては増加もみられた。定年まで同じ会社で働くことも少なくなった社会環境と価値観の変化から，その後の付き合いが面倒という声もあり，必要性が感じられなくなった媒酌人は，ほとんどみられなくなった。婚姻件数のなかで挙式・披露宴を実施したカップ

第6章　ブライダル産業

ルの数が50%を割り込み，列席者数が減少に傾いたのもこの時期の特徴である。

4）2010年代の結婚式

2011（平成23）年の「今年の漢字」第1位「絆」が示す通り，東日本大震災によって改めて家族や友人，地域の人々との絆の大切さを知ることとなった。結婚式も列席者との絆を再確認する場となり，招待客を中心におもてなしを重視しながら二人らしい雰囲気や個性を大切にした。震災からしばらくすると，結婚式にイベント性が求められるようになり，結婚する二人と列席者全員が参加して楽しめる演出がみられるようになった。挙式はホテル，ゲストハウス，結婚式場のチャペルで行うが，十字架を掲揚せずに宗教色のない人前式が増え，長らく披露宴の演出として行われていたキャンドルサービスに変えて，新郎新婦がゲストテーブルを回って挨拶と写真撮影を行うテーブルラウンドが主流になっている。また，ゲストハウス企業がホテル事業へ進出し始めたのもこの時代である。

5）2020年代コロナ禍の結婚式

2010年代後半より二人の価値観や考えに共感してくれる人とのつながりを大切に考え，その関係を継続するために結婚式に招待する傾向がみられるようになったが，そのようななか，新型コロナウイルス感染症が世界中に拡大した。日本国内でも緊急事態宣言でホテル，結婚式場の多くが営業自粛を余儀なくされ，休業や営業時間短縮を行った。もちろん結婚式は実施できなかった。結婚式場やホテルなどが加盟する日本ブライダル文化振興協会（BIA）の調査では，2020（令和2）年に新型コロナウイルスの感染拡大を受けて婚礼の延期や中止を余儀なくされた結婚式件数はおよそ24万組で，1年間に式を挙げるカップルの概ね80%に影響があったと推計している。緊急事態宣言下では，家族でないと一緒にいられない期間があったことから，結婚や家族に関して改めて考え直す期間となった。

2020年4月から2021（令和3）年3月まではコロナ禍初年度ということもあり，緊急事態宣言による行動制限，外出自粛措置が取られ，見えないウイルスの影響で結婚式は延期や中止が続いたが，2021年には新型コロナウイルス感染症との付き合い方もみえてきたことから，挙式・披露宴が徐々に実施されるようになった。

集会場・イベント等は休業もしくは無観客での開催が要請されているなか，「社会生活の維持に必要なものは除外する」という政府方針のもと，結婚式場については開催可能と定められていた。だが，招待客側から中止を求める声や，当事者が感染するなどの事態もみられた。それでも結婚式を実施しようという努力は重ねられ，企業や施設の環境や結婚式の内容によって，その対応は異なったが，その他にもさまざまな感染予防策が取られた。

また，披露宴では，食卓にそれまでみられなかった消毒用ウエットティッシュ，消毒液，マスクケースなどが加わった。会場側の対策に関しても変化がみられ，これまでホテル・結婚式場ではなかった，ゲストの前でスタッフがマスクや白手袋を着用して接客する姿がみられるようになった。

6）コロナ禍後の結婚式

緊急事態宣言やまん延防止等重点措置が解除され，2022（令和4）年に徐々に結婚式が実施されるようになると，多様なニーズが求められたコロナ禍前に比較しても，より共通の趣

味や好みを取り入れた演出や，自分たちらしいスタイルの結婚式にこだわる傾向がみられるようになった。結婚式までの自分たちを応援してくれて，結婚式後も二人を見守ってくれる人に絞って招待する傾向はコロナ禍前からみられた。しかし，人数制限のあるなかで招待客を絞る必要のあったコロナ禍を経て，招待人数は年々減少傾向にあるものの，招待客1人当たりにかける婚礼費用はわずかに増加している。また，家と家の結びつきより個人と個人の結びつきをより強く大切に考え，二人の意思で相手を選んで結婚して，それをコロナ禍に会えなかった大切な人たちの前で確認するという意識の高まりも感じられるようになった。2023（令和5）年5月に「感染症の予防及び感染症の患者に対する医療に関する法律」（感染症法）が改正され，当初二類感染症に位置づけられていた新型コロナウイルス感染症が五類感染症に移行したことで，観光の需要が短期間でコロナ禍以前の状態に戻ったように，結婚式に関するイベントも順調に回復に向かった。

2 ブライダル産業

（1）ブライダル産業と市場

　ブライダル産業は，人の通過儀礼（ライフイベント）を取り扱う産業としての意味合いと，サービス産業，装置産業（ホテル，結婚式場等）としての意味合いを併せもつ。結婚式と披露宴，パーティをはじめ，結婚に関係するサービスや商品は多岐にわたる。冠婚葬祭の一つでもあり，特に自分が主役になる行事としての誕生，結婚，葬儀のなかでも，自分の記憶に残り，人に語れるものが婚礼（結婚式）だけであることからも，結婚式は二人が新しい家庭をつくり新生活への第一歩を踏み出す大切なイベントだといえる。

　国内の婚礼関連の市場は，挙式，披露宴を中心にジュエリーや新婚旅行を含むと，約2兆円を超える規模といわれ，2023年の婚姻組数は約49万組（2020〔令和2〕年は52万組）である。

　ブライダル市場（マーケット）は，大きく「プレ・ブライダル市場」，「セレモニー・パーティー市場」，「アフター・ブライダル市場」に分けることができる。

1）プレ・ブライダル市場

　お見合い，婚約，結納など結婚式当日までのマーケットをさす。結婚を希望する二人を会わせるお見合いは，「目を合わす」，「見合う」の意から江戸時代にはすでにみられたとされている。1965（昭和40）年頃には恋愛結婚がお見合い結婚の組数を上回ったが，平成時代になりインターネットやアプリケーション等を使用した婚活，令和の最近ではオンラインゲームを通して知り合うなど，違った形の見合いの場がみられるようになっている。

　婚約とは結婚を誓う二人が交わす約束で，婚約した二人が，両家で顔合わせや結婚の承認をもらうことを結納という。結納式で結納品を送る慣習は年々みられなくなっているが，両家での食事会や婚約式，婚約パーティーなど，まだまだ可能性を秘めている市場といえる。

2）セレモニー・パーティー市場

　挙式，披露宴などの結婚式当日のマーケットをさす。会場が関連する料飲売上だけでなく，会場装飾，衣装やジュエリー，写真や動画の撮影や引き出物など関連する市場は多岐にわた

る。最近では挙式披露宴の規模を抑えて結婚パーティーとして実施することもあるため，1.5次会，2次会などのパーティーを含めることもある。1.5次会とは，披露宴ほど堅苦しくなく，2次会ほどラフでないパーティースタイルのことで，友人などが幹事を務め会費制で行うことが多い。レストランや貸パーティースペースを利用するため，ホテルでの披露宴より安く実施できることから近年少しずつだが増えている。

3）アフター・ブライダル市場

結婚式後の新婚旅行（ハネムーン），新生活に関する市場をさし，旅行だけでなく新居に必要となる家具，家電なども含まれる。結婚式を行わない層のなかには，結婚式費用を新婚旅行に投じたり，新生活のために節約するという理由を挙げているカップルもみられる。

（2）ブライダル商品の特性

ブライダル商品を挙式・披露宴と捉えると，全国平均での金額は300万円を超える高額商品ということがわかる（リクルートブライダル総研調べ）。カップルは開催日程と自分たちの希望がかなうか否か，希望の衣装や会場があるかを確認して，当日を体験，試すことなく，この高額な商品の購入を決めなければならない。列席者として挙式，披露宴に参加経験はあったとしても，購入決定後に実態のないイメージや演出などの希望を長い期間をかけてコーディネーターと共に形にしていく特殊な商品といえる。また，ハイシーズン（繁忙期）とオフシーズン（閑散期）があり，日程や季節によって金額が変わることから季節商品ともいえる。前項でも取り上げたが，カップルが二人らしさ，人と違うことを望むことから，知人が利用していない開業前の新しい施設に予約がみられる。逆にすでに列席した会場は料理や接客が優れていても候補から外され，リピーターが少ない。親戚や家族の結婚式では友人も重ならないことから，招待客に気に入ってもらい同じ会場を薦めるなどの営業も必要となる。

（3）ブライダルの会場

多様化する結婚式・披露宴だが，多くのカップルが利用する婚礼イベント施設としては，専門結婚式場，ホテル，レストラン，ゲストハウスなどが挙げられる。

1）専門結婚式場

宿泊施設を伴わず，結婚式，披露宴を専門に行う施設として1950年代から増加した。レストランを併設している施設も多く，近代的な建物の中に専用の婚礼施設を備えた会場や，披露宴会場の外に日本庭園のある会場もあり，和装での結婚式の比率が高い会場もみられる。会費を納め会員になると冠婚葬祭の費用を抑えられる互助会組織をとっていることもある。

2）ホ テ ル

帝国ホテルがホテルウエディングを扱うようになり，その後は1964（昭和39）年の東京オリンピック開催に伴うホテル建設ブームでホテル数が増加し，それに比例してホテルウエディングを扱うホテルも増加した。お見合いや結納，両家の会食をレストランなどの料飲施設で，披露宴を宴会場で，遠方からの出席者には宿泊施設を利用してもらうことができることから，ホテルウエディングが一般にも広まっていった。

2　ブライダル産業

3）レストラン

専門結婚式場，ホテルでのウエディングが一般的だったなか，「自分たちらしさ」を求め，美味しい料理でゲストをもてなしたいという気持ちと相まって，1990年代後半からレストランでの披露宴がみられるようになった。現在では婚礼に力を入れる店舗も増えてきたが，当初はブライズ（bride，新婦）ルームや更衣室，ゲストの待合スペースをはじめ婚礼専用の施設がなく，トイレや駐車場が狭いことから不便さも感じられた。また，婚礼の基本知識をもち，衣装，会場装飾などの打合せを行う専門の人材がいなかったことから，婚礼プロデュース会社が登場し，カップルとの打合せと当日までの手配を担当するようになった。

4）ゲストハウス

1997（平成9）年に日本初のゲストハウス施設が誕生すると，1990年代の「自分たちらしさ」と2000年代の「おもてなし」に重点を置くカップルの好みから，「自宅に招いて招待客に心からのおもてなしを提供する」スタイルであるゲストハウスウェディングが人気を集めた。ゲストハウスは，宿泊施設をもたず，結婚イベントを専門に行う点では専門結婚式場といえるが，神殿をもたず，独立型のチャペルを併設している会場が多い。新郎新婦と招待客がほかのグループと顔を合わさないことを特徴とし，1軒貸切というプライベート感をうたう施設や，食後のデザートブッフェを行うガーデン（庭園）などを付帯する会場も多くみられる。

（4）ブライダルの業種

会場・施設以外にも結婚式に携わる企業・業種には，さまざまある。業種によって，会場企業に店舗を構えるテナント型と，街中に独立した店舗を構える路面店型に分かれる。

1）ジュエリー

貴金属全般を販売する店舗と婚約指輪，結婚指輪など結婚に関する記念品を専門に販売する店舗がある。婚約指輪などの購入は，結婚式の打合せ前であることもあり，結婚を意識したカップルと初めて対面することも多い業種といえる。

2）婚礼衣装

日本ではレンタル衣装が主流ではあるが，洋装ではフルオーダーのオートクチュール，セミオーダーのプレタクチュール，既製品のプレタポルテなどの販売ドレスもみられる。和装では新婦の白無垢，色打ち掛けや振袖，母親の黒留袖，新郎と父親の紋付羽織袴など高価な衣装を貸出している。

3）美容・ヘアメイク

当日の移動が少ないことから，一般的には婚礼会場に併設されている。衣装の着付けも美容・ヘアメイクの担当者が行うことが多い。披露宴中にお色直しを行うカップルが一般的で，短時間でスピーディな衣装替えが求められている。近年では新婦だけでなく男性のブライダルエステの知識も必要とされている。

4）装花・フラワーアイテム

新婦のもつブーケ，新郎の胸元につけるブートニアをはじめ，花の髪飾りから会場装飾まで，花に関する商品を扱う。料理同様に生ものであることから，一般的には会場に店舗が併

67

設され，デザインやアイテムの製作だけでなく，保存等の管理がとても重要な仕事である。

5）ペーパーアイテム

結婚式の２か月前にゲストに送る招待状，返信用ハガキから，披露宴で使用する席次表，メニュー表，席札，メッセージカードなどの印刷物を作成する。二人らしさを表すアイテムとして婚礼イベントでは大切なものであるが，最近ではスマートフォンなどを使用してデジタルで招待状や当日の案内を行うカップルもみられる。

6）音響・照明・司会

挙式，披露宴の演出に関わる大切な仕事である。提携企業から派遣される場合が一般的で，小さな会場では音響・照明を自社の宴会担当者が担当することもある。司会者は，専門の会社から派遣されるケースや，友人や親族代表が行うケースなどがある。

7）写真・ムービー

挙式，披露宴の写真撮影や動画撮影を行い，後日アルバムなどの記録商品に仕上げる仕事で，撮影ミスなどの失敗が許されない。近年では挙式の前に写真撮影を別に行う「前撮り」も増え，カップルが婚礼専門のフリーカメラマンを依頼するケースもある。また披露宴のウエルカムムービーや生い立ちを紹介するプロフィールムービー制作，その日に撮った映像をお開き時に上映するエンドロール映像などの編集も行う。

8）引き出物・ギフト

平安時代に，招待客に馬を引いて贈ったことが引き出物の語源とされているが，現在でも披露宴に招待したゲストに感謝の意を込めて引き出物や引き菓子を贈る。贈る内容は地域によって異なるが，２次会参加者や遠方からのゲストのことを考え，重い引き出物を持ち帰るスタイルから，好きなものをカタログギフトから選ぶスタイルに変化し，最近では引き出物を当日に渡さず，新郎新婦が選んだギフトが後日自宅に配送されるスタイルも増えてきている。また，披露宴お開き後の挨拶で新郎新婦から招待客に小菓子などのプチギフトを贈る習慣も一般的になっている。

9）配　　膳

披露宴の料飲の提供は，会場正社員スタッフが中心となり，提携している配膳会社から派遣された配膳人と，会場が契約したアルバイトスタッフが行う。婚礼イベントが週末に集中するため，人手の必要なときに集中して接客にあたる人材として大切な役割を担っている。

10）そ　の　他

披露宴会場や待合スペースを装飾する風船などのアイテム，テーブルや会場を飾るキャンドルやテーブルクロスを扱う企業，披露宴を盛り上げる芸人やミュージシャン，マジシャンを派遣する企業など，その他にも婚礼に関わる業種には多種多様な企業がある。

（5）ブライダル業界が抱える課題

1）披露宴実施率の低下

「なし婚」層，「地味婚」層の増加により，写真撮影だけで終わらせたり，入籍だけで会場での挙式，披露宴を行わないカップルが増えている。結婚式を行わないこの潜在的な市場に

対して結婚式の意義や実際に式を実施したカップルの声を届けることもブライダル業界の課題といえる。

2）少子高齢化

どの業界にも影響する問題であるが，出生数が減少すると将来的に結婚適齢期を迎える人口も減り，結果として婚姻件数，結婚式実施率も減少する。2023（令和5）年度の出生数は75万8,631人で，1973（昭和48）年の第二次ベビーブームを境に減少が続いている。また，この人口減少の影響により，接客を行う人材を確保することも難しくなっている。

3）晩　婚　化

表6-1に示した男女の平均初婚年齢は，あくまでも「平均値」である。そのため，平均初婚年齢を比較するだけでは，全婚姻に関して単純に晩婚化が進んでいると断定することはできない。しかし，実際に最も婚姻人数の多い年齢を示す「最頻値」は3歳ほど若くなるため，この平均値と最頻値の差から，一部の晩婚カップルの結婚が増えていることで，平均初婚年齢が高くなっていることがわかる。

4）離婚率の増加

1960年代から離婚数は増加し，2002（平成14）年の28万組のピークからは少しずつ減少傾向にある。結婚とは逆の数値ではあるが，離婚数が多くなると，再婚数は増えることもあるとはいえ，未婚層が結婚に価値を見出せなくなるなど抵抗感が増し，未婚率が上昇する傾向がみられる。

5）そ　の　他

表6-1 男女の平均初婚年齢の推移（歳）

	初婚夫	初婚妻
1990年	28.4	25.9
1995年	28.5	26.3
2000年	28.8	27.0
2005年	29.8	28.0
2010年	30.5	28.8
2015年	31.1	29.4
2020年	31.0	29.4
2021年	31.0	29.5
2022年	31.1	29.7
2023年	31.0	29.5

資料）厚生労働省：人口動態統計より筆者作成

今後，結婚適齢期を迎えるであろうZ世代，α世代の特徴と価値観の変化を的確につかみ，結婚式の価値を伝えていく必要がある。Z世代は1990年代半ばから2000年代初頭に生まれた世代で，一般的にインターネットやデジタル機器が普及している頃に生まれ，子どもの頃からパソコンやスマートフォンを使いこなしている世代をさす。デジタルネイティブ世代とも呼ばれ，SNSの利用にも長けているのが特徴である。α世代とは，2010（平成22）年以降に生まれた世代をさし，Z世代同様に幼少期からデジタル機器の使用に慣れ親しんでいる。SNSだけでなく，バーチャル空間に対する親和性も高いとされている。

また，SDGsを意識し，環境問題への取り組みが評価されるなかでの企業活動も重要である。婚礼施設の多様化，婚礼費用の高騰，SNSや結婚情報誌による情報過多など婚礼業界に特化した課題も多いが，経済的，平和的に不安定な世の中にあり，今後は人材不足，テクノロジー進化への対応，コンプライアンスの厳守など，さまざまな社会問題への対応も必要となる。

第6章　ブライダル産業

3 ブライダルコーディネーターの業務

（1）ブライダルコーディネーターとは
　厚生労働省認可の国家検定実施機関となっている公益社団法人日本ブライダル文化振興協会は，ブライダルコーディネーターに関して，次のように定義している。

　「ブライダルビジネスにおいて，お客様のニーズを汲み取り，文化・慣習の担い手としてそれらを考慮しつつ，各種分業の壁を越えて幅広い関係者をコーディネートし，お客様に合ったブライダルサービス・商品等を提供する，総合エキスパートである」[1]。

（2）ブライダルコーディネーターの業務
　新規接客，成約後の打合せを担当するのがブライダルコーディネーターである。新規接客業務では，日程や招待人数，挙式・披露宴の形式やテーマ，演出などを新規来館の顧客からヒアリングを行い，顧客の希望にかなう提案を行っていく。また，館内案内のなかで，希望の演出に合った会場の紹介や施設を気に入ってもらうための案内をしながら信頼関係を築き，成約につなげていく。顧客の第一印象にもなる業務であるため，対応時の言葉遣いや接客マナーなども重要とされる。打合せ業務では，成約後の顧客から再度ヒアリングした内容をもとに，挙式・披露宴の進行や演出を形づくって提案する。招待状，衣装，料理，飲料，ケーキ，装花，装飾，司会，BGM，美容，写真，映像，引き出物の見積や手配，さらにエステ，ジュエリー，宿泊の案内など業務は多岐にわたり，確認作業が重要とされる。

　ホテルや専門結婚式場，ゲストハウスなどの会場によって，新規来館時の対応から打合せまでを通して同じ担当者が行う「一貫制」と，新規接客と打合せを別の専門担当者が行う「担当制」に分かれている。顧客の人生における大きな行事をつくり上げる大切な仕事であり，結婚式を機にその後のライフイベントでの付き合いが始まることもある。

章のまとめ課題
❶ 日本の結婚式を参考に，気になる海外の結婚式について調べてみよう。
❷ ブライダル業界が抱える問題に対して解決策を考えてみよう。
❸ 図6−1の婚姻件数の推移や過去のデータを参考に，今年の結婚式を調べてみよう。
❹ 厚生労働省発表の「人口動態統計の年間推移」や「ゼクシィ結婚トレンド調査」などから前年度の挙式，披露宴の市場規模を調べてみよう。

_____年度　婚姻件数　_____件

挙式・披露宴の平均費用　約_____円　　　平均招待人数　_____人

第7章 観光とマーケティング

ポイント
- 観光マーケティングとは「観光地・観光産業において持続的に売れる仕組みづくり」を意味する。
- 演出された空間で味わう「経験」の価値を理解する。
- 「パーパス」はブランド力を高める。
- リレーションシップ・マーケティングは顧客との関係性を深化させる。
- マーケティング戦略のフレームワーク「STP＋7Ps」を理解する。

1 観光マーケティングとは

(1) 観光マーケティングの定義と目標

　マーケティング (marketing) とは，「市場で商品を売る」という意味の動詞 market に，接尾辞 -ing が合成された単語であり，「市場で商品を売ること」を意味する。同時に -ing は進行形の意味をもつが，常に変化し続ける市場のなかにあって，「市場で売れ続けること」とも解される。

　アメリカ・マーケティング協会 (AMA：American Marketing Association) では，マーケティングを次のように定義している[1]。

　"Marketing is the activity, set of institutions, and processes for creating, communicating, delivering, and exchanging offerings that have value for customers, clients, partners, and society at large."

　（筆者訳：マーケティングとは，顧客，取引先，パートナー，社会全体にとって価値のある提供物を，創造し，伝達し，提供し，交換するための活動，一連の制度，プロセスのことである。）

　かつては，市場で売る食料品や日用品が主な取引の対象だったが，現代では，形のある財（有形財）に加えて，サービスなど形のない財（無形財）も含まれる。社会全体にとって価値のある製品やサービスを創り出し，それを提供することがマーケティングなのである。

　経営学の父と呼ばれるドラッカー (Peter Ferdinand Drucker：1909-2005年) は，マーケティングの目標について次のように述べている。

　「マーケティングの理想はセリング（販売）を不要にすることである。マーケティングが目指すものは，顧客を理解し，顧客に製品とサービスを合わせ，おのずから売れるようにすることである」[2]。

　売り手が積極的に販売しなくても，顧客が自らその商品を欲して，売れ続けること，その

第7章　観光とマーケティング

仕組みづくりこそがマーケティングの目標である。

　観光業に当てはめて考えると，目的地までの交通手段，目的地の観光スポット，宿泊施設，飲食店，土産品店などの商品をデザインし，持続的に販売促進するための営業活動や広告宣伝，ウェブサイトづくり，多様な購入方法の提供などもマーケティング活動の一部となる。よって，観光マーケティングとは，「観光地・観光産業において持続的に売れる仕組みづくり」と定義することができる。

(2) ニーズとウォンツ

　顧客が自らその商品を買いたくなるような仕組みをつくるには，どうすればよいだろうか。そのためには，まず人間の欲望のメカニズムについて理解する必要がある。

　経営学者のコトラー（Philip Kotler：1931年−）は，マーケティングとは，「個人や集団が自らのニーズやウォンツを，製品や価値の創造・交換を通じて獲得する社会的，経営的なプロセス」[3]であると述べている。「ニーズ」とは，人間がよりよく生きるために必要な基本的な欲求のことであり，次の3種類に分けることができる。

- ・生理的ニーズ（食べ物，衣服，暖かい環境，安全など）
- ・社会的ニーズ（帰属意識や愛情など）
- ・個人的ニーズ（知識や自己表現など）

　一方，「ウォンツ」とは，ニーズを満たす特定のものに向けられた欲求のことであり，その人が暮らす社会（知識）によって決まるものである。

　例えば，「たまの休日にリラックスしたい」というニーズに対して，「温泉旅館に行って，ゆっくり湯につかり，その後，美味しい料理を食べたい」と思うことはウォンツである。同様のニーズに対して，別の人は「ホテルに行ってスパでトリートメントを受け，その後，アフタヌーン・ティーを楽しみたい」と思うかもしれない。このように，同じニーズに対して，ウォンツは複数の選択肢から自分にとって最も好ましいものを選択する自由であるといえる。さらに，ホテルに行った人が写真をとってSNSに投稿し，それを見た別の人が，「私も同じ体験をしてリラックスしたい」，というニーズを喚起することもある。つまり，ニーズとウォンツは相互に影響し合うのである。

　したがって，商品を「おのずから売れるようにする」ためには，消費者のニーズを見抜き，ニーズに合致した商品を提供し，その情報（知識）を伝えることが必要である。また現代社会では，多くの商品やサービスがあふれている。そのなかで消費者に選ばれるためには，他の商品と差別化できる強みをもつことが重要である。

2　シティホテルのコーヒーはなぜ高いのか

(1) コーヒーの値段の違い─コンビニエンスストアとシティホテルの比較─

　大手コンビニエンスストア（以下，コンビニ）では，税込100円という低価格でありながら，香り高い挽きたての本格的ドリップコーヒーを手軽に楽しめるというコンセプトが消費者の

支持を集め，累計販売数は 70 億杯以上を記録する大ヒット商品となった。

一方，日本を代表するシティホテルのロビーラウンジでは，コーヒー 1 杯が休日料金にあっては 2,500 円で提供されている。

シティホテルのコーヒーの値段が高い理由について，経済学では「高い値段でも，そこで飲む人がいるから，高いコーヒーが供給されている」と説明される。それでは，高い値段を払っても飲みたいと考える人は，ホテルのどのような部分に価値を認めて代金を支払っているのであろうか。

まず原材料については，コンビニもシティホテルもブレンドしたコーヒー豆を使用している。前者はコーヒー豆を大量仕入れすることにより，コストダウンが可能である。

器は，コンビニは紙コップやプラスチックであるのに対して，ホテルでは陶磁器のカップ＆ソーサーとシルバースプーンを使用し，価格には大きな違いがある。さらに，ミルクピッチャーや砂糖ポットなどの銀器も含めれば，購入価格でいえば数千円から数万円はかかる。ただし，繰り返し使用できる食器なので，実際の耐久使用回数で割って考える必要がある。

時間に関しては，コンビニでは顧客が紙コップをレジで購入してコーヒーマシーンまで運び，スイッチを入れれば 1 分未満で完成するのに対して，シティホテルでは注文をとってからテーブルにコーヒーが運ばれるまで，ある程度の時間がかかる。むしろ時間をかけてコーヒーを楽しんでくつろいだり，同席の人とおしゃべりをしたりといったことが主な目的であるため，スピードはそれほど重視されないであろう。

スペース（空間）は，コンビニが持ち帰りを基本とするのに対して，シティホテルではシャンデリアなどを設置した豪華な内装の中で，座り心地のよいソファでゆったりと寛ぐことに価値があると考えられる。

サービスの面では，コンビニは顧客がコーヒーマシーンを操作して抽出するセルフサービスであるのに対して，シティホテルの場合はウェイターまたはウェイトレスがコーヒーを淹れ，席までカップを運んで提供する。その際にサービスをしながら，顧客の状況を判断して臨機応変に対応する（心配りをする）という部分が最大の違いといえるだろう。

このように考えると，コンビニとシティホテルとでは，コーヒーに求められる価値が全く異なる。コンビニではコーヒーの品質と価格のバランス（コストパフォーマンス）のよさが求められるのに対して，シティホテルではコーヒーの味もさることながら，その空間で過ごす時間や雰囲気，スタッフのサービスにより大きな価値が求められているのである。

（2）シティホテルに求められる経験価値

「エクスペリエンスエコノミー」という造語を生んだ作家パイン（B.Joseph Pine Ⅱ：1958 年−）は，コーヒーの経済的オファーの段階を次のように分類している。

- ・第 1 段階：コモディティ（コーヒー豆）
- ・第 2 段階：商品（パッケージ）
- ・第 3 段階：サービス（コーヒーショップ）
- ・第 4 段階：演出された空間で味わう「経験」（ホテル）

第7章　観光とマーケティング

コモディティ（生産者の違いにかかわらず，同等のものとして扱われる商品）としてのコーヒー豆は，ブレンドされたりブランド名をつけてパッケージングされることにより価値が高まる。コーヒーショップで店員がコーヒーを淹れ，器に入れて提供することで，その価値はさらに高まる。そして，さらに価値を高める要素は，ホテルなどの豪華な空間でホスピタリティあふれるサービスを受けながらゆったりと楽しむ，という「経験」にあると指摘している。

つまりシティホテルの存在意義とは，ただ単に睡眠がとれて腹を満たすだけ，という人間の根源的欲求の充足のみでなく，洗練された調度品や豪華な施設といったハードと，ホスピタリティ精神をもった従業員によるサービスというソフトが融合されて，最高の演出で「非日常」的な雰囲気を体験できる場を提供することにあるといえるだろう。

3 ブランドとパーパス

（1）ブランドとは

ブランドとは，自社の商品やサービスを識別し，競争相手から区別するために，名称，言葉，サイン，シンボル，デザインなどを組み合わせたものである。

消費者にとってブランドは，商品やサービスの品質に関する企業からの約束である。消費者はブランドを使用することで，その商品の性能や信頼性を認識する。そのブランドを気に入ると繰り返し利用するようになり，ブランドに愛着をもつようになる。ブランドイメージが高まると，消費者は自己イメージを伝達するためにそのブランドを使用することもある。

企業にとってブランドは，商標登録や特許取得などにより法的に守られ，経済的な価値を生み出す無形資産である。ブランド力が高まると，消費者との感情的なつながりが強化され，顧客ロイヤルティ（ブランドに対する信頼や愛着）が高まり，他社との競争に打ち勝つことにつながる。価格を上げても受け入れられやすく，宣伝費をかける必要性が低下するため利益率が向上し，また取引業者からの協力を得られやすくなるなどの効果も期待できる。

（2）強いブランドを築くために

強力なブランドを築くためには，競合商品と異なる独自の価値を提供する必要がある。新しい技術や性能，魅力的なデザイン，高品質なサービスなどは比較のしやすい違いとなる。

また，顧客の共感を呼ぶようなブランドストーリーやメッセージは，顧客の感情に訴えることによって，ブランドへの愛着をさらに増すことができる。民泊仲介業の世界最大手であるAirbnbは，"create a world where anyone can belong anywhere"（誰でもどこでも居場所が見つかる世界）というミッションを掲げて，各国の住宅に安心して宿泊できるシステムを構築した。ホテルよりも安価に宿泊できるだけでなく，ホストとゲストの温かな交流の場を提供するというコンセプトが，人々の共感を得ているのである。

ブランドを築き上げるには時間がかかるが，M&A（企業買収）によってブランドを入手することもできる。世界最大手のホテルチェーンであるマリオット・インターナショナル（Marriott International）は，シェラトン（Sheraton）やウェスティン（Westin）などのブラン

ドを有するスターウッド（Starwood）をはじめとして，多くの企業を吸収し，30ブランドを擁している。そのなかには世界的に有名なスーパーラグジュアリーホテルであるザ・リッツ・カールトン（The Ritz-Carlton）も含まれるが，マリオットが買収した際に，ブランドの名称や経営方法にはほとんど変更を加えなかった。それはリッツ・カールトンがすでに強いブランドイメージを確立していたからである。

（3）パーパスの重要性

　前述のとおり，すべての企業は価値の創造を目的としている。価値とは企業の利益だけをさすものでは決してない。顧客，従業員，取引先，地域社会，株主など，すべてのステークホルダー（利害関係者）に対して価値を提供することによって，企業は存在価値を認められるのである。そのためには，企業が社会にどのように貢献するのか，という崇高な目標を掲げる必要がある。これをパーパス（Purpose）と呼ぶ。

　東京ディズニーリゾートを運営するオリエンタルランドの企業使命は「自由でみずみずしい発想を原動力に　すばらしい夢と感動　ひととしての喜び　そしてやすらぎを提供します」である。このパーパスに強く共感した従業員（キャスト）が，その実現に向けて日々懸命に働き，ゲストを喜ばせている。満足したゲストは多くがリピーターとして何度もパークを訪れ，そのゲストの笑顔や反応がキャストにとっての喜びにもつながり，もっとよい体験を提供しようとするモチベーションの原動力となり，相乗効果を生み出している。これを同社では「ハピネスの循環」と呼んでおり，ビジネスの成長の源泉であるとしている。

　このようなパーパスは，多くのステークホルダーの共感を生み出す。顧客は熱烈なファンとなって足しげく店に通うようになり，肯定的な口コミを発信する。またパーパスに賛同して共に働きたいと思う人々は従業員になり，ミッションの実現に向けて献身的に働く。店が繁盛するにつれて，取引先や地域社会からも認められるようになり，最終的には利益が上がり，株主の支持を得ることにつながる。

　人々の共感を得るパーパスがブランドと結びついたとき，そのブランド力は高まり，企業は持続可能なものになるのである。

4 リレーションシップ・マーケティング

（1）カスタマー・リレーションシップ・マネジメント（CRM）

　企業が顧客との信頼関係を構築するための活動をリレーションシップ・マーケティングと呼ぶ。ブランドを信頼し，継続して利用したいと考える顧客がロイヤル・カスタマーである。企業が新しい顧客を獲得するためには，多額の宣伝広告費や営業活動を必要とするが，ロイヤル・カスタマーの存在は，そうしたコストをかけずに既存の顧客から継続的に利益を得ることにつながるのである。

　カスタマー・リレーションシップ・マネジメント（CRM：Customer Relationship Management）は，顧客の満足度を高めることによって顧客を維持し，長期間にわたる利益であるラ

第7章　観光とマーケティング

イフタイムバリュー（Life Time Value：LTV）を拡大するための手法である。

　航空会社のフリークエント・フライヤーズ・プログラム（Frequent Flyers Programs：FFP）は，移動距離（マイル）に応じてさまざまな特典を与えることで，自社やアライアンス企業（提携企業，グループ企業）を継続して利用するインセンティブ（報奨）を提供している。

　ホテル企業においても，宿泊回数によって特典を得られるフリークエント・ゲスト・プログラム（Frequent Guests Programs：FGP）が提供されている。マリオットなどのインターナショナルホテルチェーンでは，さまざまなブランドのホテルを展開しているが，どのブランドに宿泊してもグループ共通のポイントを付与することによって，メンバーシッププログラムの利便性を高めている。

　このように，利用するほどより多くの割引や特典が受けられる仕組みは，他のブランドを使用しても得られないため，顧客を自社に囲い込むことにつながる。逆に，顧客が他のブランドに乗り換えることによって生じる不利益をスイッチング・コストと呼ぶ。

（2）感動体験によるファンの獲得

　顧客を囲い込むための方策は，割引や特典といった経済的なインセンティブを提供することだけではない。

　ザ・リッツ・カールトンでは，顧客の利用履歴や好みをデータベース化し，そのデータを基に顧客ごとにサービスをカスタマイズしている。顧客は自分の好みに合わせたサービスを受けることによって特別な扱いを受けていると感じ，ブランドに愛着をもつようになる。

　さらに同社では「WOW ストーリー」を大切にしている。ゲストの期待を上回るような，思わず「WOW」と言ってしまうような驚きの体験を提供することによって，忘れられない思い出づくりを積極的に行っている。このように顧客に感動的な体験を提供することによって，同社は熱烈なファンを獲得し続けているのである。

　このような演出を実現するためには，データベースなどのシステム整備だけでなく，従業員のモチベーションが必須である。ザ・リッツ・カールトンの企業理念は「ゴールドスタンダード」としてカードに明示されており，すべての従業員が常にそのカードを携行している。ブランドの企業理念に共感した従業員たちが，その実現に向けて持続的に努力しているからこそ，新たな感動体験が日々生み出されているのである。

5　マーケティング戦略

（1）マーケティングのフレームワーク

　商品が売れ続ける仕組みをつくるために，どのような方法で活動すべきかを示すものが，マーケティング・フレームワークである（図7-1）。

　まず，企業を取り巻く環境を分析（マーケティング環境分析）したうえで，消費者を分類し（セグメンテーション：segmentation），ターゲットを絞り（ターゲッティング：targeting），市場における商品の位置づけ（訴求するポイント）を決定（ポジショニング：positioning）する。ここ

図7-1　マーケティング戦略のフレームワーク
（筆者作成）

までを，各ステップの頭文字をとって STP と呼ぶ。

そして，具体的な商品のデザイン（商品戦略：product），販売チャネル（流通戦略：place），価格（価格戦略：price），マーケティング・コミュニケーション（プロモーション戦略：promotion）を組み合わせて，実行していく。これら4つの要素の頭文字をとって"4Ps"と呼ぶ。4Ps を総称してマーケティング・ミックスという。

4Ps は有形財のために生まれたマーケティング・ミックスだが，サービス業においてはさらに，物的要素（physical evidence），人（people／participants），プロセス（process）を加えて，"7Ps" のフレームワークが用いられる。

(2) マーケティング環境分析とSTP

1）マーケティング環境分析：Marketing environment analysis

マーケティング活動を行うためには，まず環境分析を行う必要がある。3C 分析では，顧客・市場（customer），自社（company），競合（competitor）の状況を分析する。

顧客・市場分析では，顧客のニーズやウォンツがあるのか，そのニーズやウォンツをもった顧客はどの程度存在し，市場として成長するのか，顧客はどのような消費活動をしているのかなどを分析する。自社分析では，顧客のニーズやウォンツに応えられる商品をつくる能力が自社にあるのか，他社と差別化できる特徴や能力はあるのか，必要な資金は調達できるのかなどを分析する。競合分析では，他社製品やサービスにはどのようなものが存在し，市場でシェアをもっているのか，各社の特徴や強みは何か，将来別の競合社が参入してくる可能性はあるかなどについて分析する。

2）STP（セグメンテーション，ターゲッティング，ポジショニング）

企業の経営資源（ヒト・モノ・カネ・情報）は有限であるため，すべての消費者に製品やサー

ビスを届けるには限界がある。そのため，消費者を似たようなニーズやウォンツをもつ人々のグループに分けて捉える必要がある。これをセグメンテーション（市場細分化）と呼ぶ。例えば，性別や年齢などを基準として市場をグループ分けする。

ターゲッティングでは，セグメンテーションで分類したグループ（セグメント）のなかで，自社の製品やサービスを販売しようと考える市場を明確にする。ターゲットとするグループにいそうな架空の顧客像をイメージして，その顧客がどのような製品やサービスを好むのかを考える手法を「ペルソナ設計」と呼ぶ。

ポジショニングは，競合他社と比較して自社がどのような製品やサービスを提供するのか，立ち位置（方向性）を明らかにする。自社と競合他社の製品やサービスのポジショニングを視覚化するために，購買を動機づける要素（差別化要素）を2つ選び，縦軸と横軸の2軸にとって，各商品をマッピングする手法を「ポジショニングマップ」という。

（3）マーケティング・ミックス（4Ps/7Ps）

1）商品戦略：Product

STPで決定した方針に基づき，ターゲットとなる顧客が，どのような場面で利用し，それによってどのような価値を得られるのか，という側面から，商品のコンセプトを決定する。

商品の仕様，品質，デザインに加えて，どのような点で競合他社の商品との差別化が図れるのかが重要なポイントとなる。またその商品を提供するうえで，自社に十分な能力（ノウハウ，設備，人材，資金など）があるかも考慮する必要がある。

また長期的には，商品には誕生から衰退までのライフサイクルがある。商品を発売（導入期）した後，利用客が増え（成長期），普及し（成熟期），やがて衰退していく（衰退期）ということを前提として，ターゲットや商品コンセプトを見直していくことが求められる。

2）流通戦略：Place

消費者が商品にアクセスするための場を，流通チャネルと呼ぶ。例えば，ホテルを予約するためには，直接ホテルのウェブサイトで予約する場合と，旅行会社で予約する場合，または検索エンジンからOTAサイトを抽出，比較して予約する場合などがある。ホテルのウェブサイトで予約する場合は第三者を介さないため，ゼロ段階チャネルである。旅行会社を通す場合には，1段階チャネルと呼ばれる。そして，検索エンジンを通して比較する場合には，検索エンジンとホテルの間にはOTA各社が介在していることから，2段階チャネルという。このように，顧客が商品を手に入れるための場を複数もつことにより，消費者の利便性を高めることができる。一方で，仲介される場合には手数料がかかるため，チャネル段階が増えるほど手数料の支払いが増え，利益を圧迫することに留意する必要がある。

3）価格戦略：Price

価格戦略は，製品やサービスの価格設定を戦略的に決定する手法である。市場特性と需要の状況，競争環境，経済情勢などを考慮しながら，自社のコストと利益を計算して価格を設定する。近年，さまざまな業界で行われている「ダイナミックプライシング（またはレベニューマネジメント）」は，需要や環境に応じて商品の価格を変動させることにより，需給バランス

を調整し，収益を最大化する手法である。ホテルの客室や航空機の座席の販売価格を変動させることによって，繁忙期は価格を上げてより多くの収益を得て，閑散期には価格を下げることでお得感を打ち出すことにより，利用者数の平準化を図っている。同様にテーマパークなどでも，チケット価格を変更することが一般的になってきている。

4）プロモーション戦略：Promotion

どんなによい商品を作っても，消費者がその存在を知らなければ購入してもらえない。消費者に商品の存在を知らせて購買意欲を刺激する活動が，マーケティング・コミュニケーション（プロモーション）である。

マーケティング・コミュニケーションには，広告，セールスプロモーション，パブリシティなどがある。広告は，テレビCMや雑誌などのメディアを活用して商品やサービスを宣伝するものである。セールスプロモーションは，クーポンやプレゼントなどを提供して購買を促進することである。パブリシティは，ニュースリリースを発信して，テレビやインターネットニュースなどのマスメディアを通じて企業や商品のよさを伝えることである。

5）物的要素：Physical Evidence

物的要素は，施設の外観や設備，器具，パンフレット，従業員のユニフォームなどをさす。建物や施設の設計が，顧客の動線を決定づけ，体験価値にも影響を及ぼす。また内装や従業員のユニフォームなどは「場」の雰囲気づくりに影響を与えるため，慎重に検討する必要がある。

6）人：People

人の要素は，従業員だけでなく，その場に居合わせる（他の）顧客も含む。サービスを提供する従業員は人である以上，日々の体調や気持ちに変化がある。こうした日々の変動を制御するために，マニュアルや教育プログラムが用意される。また，偶然そこに居合わせた客の存在も場の雰囲気に大きな影響を与えるが，これをコントロールすることは難しい。

7）プロセス：Process

プロセスは，サービスが提供される手順や顧客の関与の仕方である。顧客の利便性やサービス提供の効率など，総合的に判断する必要がある。例えば，セルフサービスを採用すると，顧客は短時間で商品を手に入れることができ，店側のサービススタッフ数を少なく抑えられるが，高級感を損なうなど体験価値に影響を及ぼすため，慎重に検討する必要がある。

6 まとめ

マーケティングに必要なことは，顧客のニーズを理解して，持続的に価値を提供し続けることである。観光業では，顧客に体験価値を提供して感動を与え，また訪れたくなるような仕組みをつくることが必須といえる。体験価値は，自然や文化，アトラクション等の施設に加えて，人によるサービス（演出）があってこそ，その価値を増すことができる。観光立国をめざすわが国の観光業にとって，マーケティングの理論と考え方を活用しながら，感動体験を創造し続けることが求められているのである。

第7章　観光とマーケティング

🌐 章のまとめ課題 ===

❶　観光産業の各企業の企業理念（パーパス）を比較してみよう。各社はどのような価値を社会に提供しようとしているだろうか。

❷　観光産業の企業を選んで，マーケティングのフレームワークで分析してみよう。他社と差別化しているポイントは何だろうか。

❸　観光地を選んで，マーケティングのフレームワークで分析してみよう。他の観光地と差別化しているポイントは何だろうか。

第8章 観光計画

ポイント

- 観光計画は地域の現状と理想像のギャップを埋める取り組みの指針を示す。
- 観光計画には構想計画，基本計画，実施計画があり，目的と精度が異なる。
- 地域の現状把握，理想とする将来像の明確化，将来像実現の方策検討の3段階を経て策定する。
- 地域の関係者間の合意形成を図り，計画実現の気運を高めることが重要である。
- 持続可能性への配慮，まちづくりとの融合，複合的課題の解決が今日的な観光計画の視点である。

1 観光計画の位置づけと役割

(1) 地域の計画としての観光計画

まず，"計画" という言葉の意味を知ろう。国語辞典には，「ある事を行なうために，あらかじめ仕上がったときの全体像や，その方法・手順などを考えること」[1] と記されている。そのためには，将来を予測する能力が必要で，計画の立案は人間の高度な営みだといえよう。

「観光計画」という用語に初めて触れたとき，個々人が観光や旅行を行うための行動計画，つまり具体的な旅行のプランニングと捉える向きがある。だが，観光経営学でいう「観光計画」は，そうしたプランニングとは異なる。観光地と呼ばれる地域，すなわち「観光で訪れる来訪者から得られる収入が，地域経済の基盤となっている地域」[2] の望ましい将来像を明示して，そのうえで実現するための具体的な方法と手順を体系的に整理して示したものなのである。将来像の実現に向けた方法と手順については，①「目的」(何のために)，②「場所」(どこで)，③「主体」(誰が)，④「時期」(どのようなタイミングで)，⑤「資源」(どのような魅力を活かして)，⑥「手法」(どのように) を示すのが一般的である。

地域が目めざす姿と実現するための方策を包括的に表した地域の計画には，都道府県や市区町村における「総合計画」がある。観光計画は，この総合計画と整合性をとりながら立案される。そのため，当該地域の観光に関する「部門別計画」ともいえるのである。

(2) 観光計画の役割と必要性

第二次世界大戦後，日本の観光は大きく発展を遂げた。所得が増え，労働時間が短縮されたことから自由時間が増大し，庶民が暮らしのなかに旅行を取り入れるようになった。また，観光地への移動手段として，鉄道やバスのほか乗用車（マイカー）や航空機での移動機会が

81

増えた。1964（昭和39）年の東京オリンピック開催に向けて東海道新幹線が開通し，高速道路網が整備されたことも庶民の旅行を促進した。こうした需要の増加を受けながら，旅行業が発展し，観光地においては宿泊施設の大型化や多様化が進んだのである。

1990年代初頭，バブル経済の崩壊によって日本経済がマイナス基調に転じたが，国内の観光地の多くは，おおよそ右肩上がりの成長シナリオを念頭に，観光客数や観光消費額という量的な数値目標を追い続けた。こうした状況下では，個々の観光関連事業者は，市場の流行に敏感に反応して，ときには成功した他の観光地を模倣するような短絡的な取り組みも目立つようになった。その地域ならではの個性や，観光地としての独自性は，置き去りにされてしまった。

しかし，長引く経済の停滞で，観光需要の単純増はみられなくなり，一方で，多くの地域では「交流人口」による地域活性化が期待されるようになった。従来からの観光地のほかにも，観光による地域振興に取り組もうとする地域が増えて，地域間の競争も激化した。そのため観光振興策は，より戦略的であることが求められるようになった。それと同時に，観光振興の取り組みは裾野が広いため，観光事業者だけでなく，地域全体にとっての課題であるという認識が浸透していった。さらに，インバウンドが爆発的に増加したことで，観光地を取り巻く環境が急激に変化した。まさに，予断を許さない状況といえるだろう。これらをふまえ，現在の観光計画の役割と必要性について以下にまとめる。

1）客観的・論理的な取り組みの必要性

個人の経験や直感的なひらめき，アイディアが大きな効果を発揮する可能性は確かにある。だが，観光振興は，地域全体で方向性を定めて行う横断的・総合的な取り組みである。また，主として市区町村など公的な主体が中心となる。よって，客観的な根拠を示し，かつ論理的な検討を積み重ねることにより，地域社会において納得性を高めることが求められる。

観光計画策定の実務においては，まずは地域の現状把握を正しく行うことが不可欠であり，客観的なデータの取得・分析に基づいた地域課題の整理を行うことや，望ましい将来像と，その実現に向けた方策を，論理的に検討することが重要である。

2）長期的な視点と明確な将来像の必要性

右肩上がりに国内市場が成長する局面においては，地域の核となる宿泊施設をはじめとした個々の観光事業者が，それぞれに営業努力をすることで，全体の観光客数や観光消費額の増加が見込め，長期的な視点や観光地全体の将来像は置き去りにされた。目先の利益を追求する近視眼的で短期的な取り組みが，際立つ結果となった。

しかし，低成長で，かつ多様化が進む局面においては，より戦略的に観光振興に取り組むことが重要であり，特に長期的な視点をもって「望ましい地域の将来像」を明確にする必要がある。そのため，観光計画の策定プロセスにおける「目標像と基本方針の設定」は，極めて重要な意味をもつ。

3）多様な関係者の協働の必要性

かつての観光振興は，観光目的の来訪者から直接利益を得る，すなわち観光関連事業者を潤すための取り組みで，観光客から利益を得られない事業者や一般住民との関係は希薄なも

1 観光計画の位置づけと役割

のと捉えられてきた。しかし，近年の観光振興に対する見方は大きく転換した。観光は裾野が広いことから一つの産業として認知され，一般住民を含む地域社会全体が観光の担い手なのだと認識されるに至っている。また，多岐にわたる観光振興の担い手は，立場によって思い描く理想も異なる。そのため，「望ましい地域の将来像」も一義的には決まりづらい傾向にある。

こうしたことから，観光計画策定のプロセスにおいては，立場の異なるさまざまな関係者が協働して，相互理解を深めつつ，地域として全体の最適化につながるような目標像や基本方針，課題解決のための方策を検討する必要がある。

（3）観光計画の分類

観光計画は，法定計画ではない。計画の呼称も「観光基本計画」，「観光振興計画」，「観光ビジョン」などさまざまで，その形式も必ずしも一様に定まっているわけではない。

1）計画対象地と計画策定の主体

観光計画の対象となる空間的スケールは，国，地方，都道府県レベルから市区町村，地区，施設レベルまで大小さまざまである。これらの空間的スケールに応じて，「望ましい地域の将来像」を実現するための「具体的な方法と手順」として，観光計画に盛り込まれる内容も当然ながら異なる。対象地が広域の場合，計画内容は一般に，対象地内のゾーニング（エリアごとの大まかな観光振興の方向づけ）と，それらの実現に向けた取り組みの基本方針，具体的プロジェクト案の例示などにとどまる。逆に，対象地の範囲が狭く限定的であれば，計画内容はより具体的かつ詳細に踏み込んで提示されることになる。

また，計画策定の主体は，国から市区町村までのレベルにおいては対象地域に応じた公的セクターが担うケースが多い。それより小さな空間スケールでは，民間セクター（観光推進組織や観光関連事業者等）による計画策定が目立つようになる。後者では，例えば観光関連事業者による観光施設の新規整備計画や，観光協会による温泉街の魅力向上計画などが挙げられる。

観光政策検討有識者会議の資料[3]によると，政令指定都市20市を含む179市町村を対象として「観光計画の策定指針」について尋ねたところ，政令指定都市11市を含む107市町村から回答が得られ，その76.6％が「すでに策定済み」で，「策定予定なし」と回答した市町村は9.3％にとどまった。一方で，47都道府県の「観光計画の策定指針」について尋ねると，87.8％が「すでに策定済み」で，「策定予定なし」は7.3％であった。

都道府県レベルの観光計画は，対象範囲が広域なことから，相対的に大づかみになる。市区町村レベルの計画は，より具体的できめ細かいが，都道府県レベルで策定された計画との間に齟齬が生じないよう，十分に調整を図ることが重要である。

2）計画の精度と計画期間

観光計画の精度は，「望ましい地域の将来像」を実現するための「具体的な方法と手順」を，どこまで踏み込んで記載するかという点において3つの段階に区分される。一般的には，「構想計画（基本構想）」，「基本計画」，「実施計画」の順に具体性が高くなる（表8-1）。

83

第8章 観光計画

表8-1 観光計画の精度・計画期間と内容

計画の精度	計画期間	計画での提示内容
構想計画 （基本構想，ビジョン，グランドデザイン）	長期 （概ね10年）	観光地として進むべき方向性，観光地としての将来像と理念
基本計画 （振興計画，マスタープラン）	中～長期 （5～10年）	観光地としての将来像と理念，定性的・定量的目標，実施方針，主要施策，優先施策，実施体制
実施計画 （行動計画，アクションプラン）	短期 （1～3年）	実施年度，事業予算，実施主体

資料）羽田耕治編著：はじめてでもわかる！自治体職員のための観光政策立案必携，第一法規，p.214，2020を基に筆者作成

　①　構想計画（基本構想）　構想計画は，観光地が進むべき方向性，めざすべき将来像や，そこに込められた理念を長期的な視点で提示するものである。そのため計画期間は，10年程度のスパンになることが多い。

　②　基本計画　基本計画は，長期的視点に立った構想計画（基本構想）の内容をふまえ，想定した計画期間（一般的に5～10年）で，将来像を実現するための具体的な方策を，体系的に提示するものである。ここでは，将来像の実現度を客観的に測定するため，来訪者数，宿泊者数，観光消費額など定量的指標を中心とした目標数値を設定することになる。また，提示した方策については，個別に，実施場所，実施時期，中核的担い手などを併せて提示する。さらに，重要性や実効性等の面で，特に優先度が高いと判断される方策は，「重点施策」あるいは「主要施策」，「重点プロジェクト」等と位置づけて，実施計画において優先的に推進する枠組みを用意する。

　③　実施計画　実施計画は，基本計画で示された重点施策・主要施策の実現に向けて，実施年度，事業予算，実施主体等を，より具体的に検討して示すものである。実施計画の計画期間は，相対的に短期間である。比較的，取り組みが容易な地域の魅力発掘や，体験プログラムの開発，マーケット別の情報発信や地域のブランディングなどソフトが中心であれば，その期間は1～3年であることが多い。一方，地域内での調整や合意形成の期間も含めて時間を要する観光施設の建設や観光地の空間整備などハードが中心であれば，計画期間は長期化する。

　観光計画では構想計画（基本構想）から基本計画までのレベルを一体的な計画として同時期に定め，実施計画のレベルについては，その次のステップとして検討・計画策定するケースが多い。例えば，神奈川県箱根町での観光計画策定状況は，図8-1の通りである。「第2次箱根町HOT21観光プラン基本計画（2018（平成30）年3月策定）」の計画期間の10年を，おおよそ5年ずつの前期・後期に分け，それぞれを計画期間とする実施計画を策定して，基本計画に掲げた観光ビジョンの実現に向けた具体的施策を実行しようとしている。

2 計画策定の流れと計画の構成

```
総合計画
  箱根町第6次総合計画
  計画期間：2017-2026年度
    ↓ 総合計画で掲げた将来像実現に向け観光分野での根幹となる計画

観光の部門別計画
  第2次箱根町HOT21観光プラン基本計画
  計画期間：2018-2027年度
    ↓ 観光プラン基本計画で掲げた観光ビジョンの実現に向けた具体的施策の提示

  第2次箱根町HOT21観光プラン実施計画〈前期計画〉
  計画期間：2019-2023年度
    → 第2次箱根町HOT21観光プラン実施計画〈後期計画〉
      計画期間：2024-2027年度
    （進捗状況を検証して見直し）
```

図8-1 観光計画の位置づけ（箱根町の例）

資料）第2次箱根町 HOT21 観光プラン基本計画，2018，同実施計画，2020 を基に筆者作成

2 計画策定の流れと計画の構成

実際に観光計画を策定し，実行に移す場合，一般的な流れは図8-2のとおりである。

まず，計画の準備段階においては，観光計画を策定するに至った社会的背景や地域の現況を整理してから観光計画を策定・実行することで，地域の将来にどのような効果が期待できるのかを明確にする。

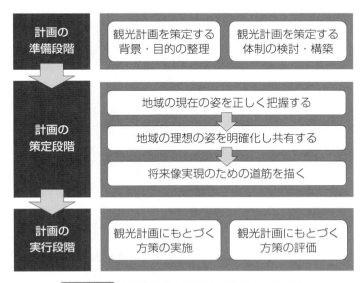

図8-2 観光計画の策定から実行までの流れ

資料）梅川智也編著：観光計画論1 理論と実践，原書房，p.72，2018 を基に筆者作成

第8章　観光計画

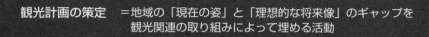

図8-3　計画策定段階の作業内容

資料）梅川智也編著：観光計画論1　理論と実践，原書房，p.115，2018基に筆者作成

　実際の計画策定には，1年程度を費やすケースが多い。前述のとおり，観光計画は観光地の望ましい将来像を明示し，その実現のための具体的方法と手順を体系的に整理したものである。観光計画の策定は，現在の地域の姿と理想的な地域の将来像のギャップを，観光関連の取り組みによって埋める活動だと言い換えることもできる。その実際の作業は，①地域の現在の姿を正しく把握すること，②地域の理想の姿を明確化して地域内で共有すること，③あるべき地域の将来像を実現するための道筋を描くこと，の3段階に大別できる（図8-3）。

（1）地域の現在の姿を正しく把握する

　地域の理想的な将来像を描くには，地域の現状を正しく把握することが前提となる。誤った現状認識は，誤った意思決定や行動につながりかねない。そのため，観光計画策定プロセスの初期段階では，「観光地の特性」と「観光地の経営状況」に区分して，地域の現状を把握することが重要である。

1）観光地の特性の把握

　「観光地の特性」としては，その地域の個性や魅力につながる要素と，それらの個性・魅力を観光面で活かす要素とに分けて現状を把握する。地域の個性・魅力につながる要素としては，自然や歴史・文化といった要素，人口や産業といった営みに関する要素に加えて，観光施設（宿泊施設，休憩施設，物販施設等を含む）や観光行動を支えるインフラ（交通基盤，情報提供施設等），観光の直接的な担い手・人材（ガイド，インストラクター等）が含まれる。こ

れらの個性・魅力を観光面で活かすための要素としては，地域の将来像を描く各種計画類の概要（将来像，方向性，施策，各地区の位置づけ等），観光に関連する活動に取り組む各種組織の実態（理念，活動実態，構成員等）を，まずは把握することが重要である。

2）観光地の経営状況の把握

「観光地の経営状況」として，来訪者の「量」と「質」に加えて，観光による地域側への影響も把握する。来訪者の実態を量・質の両面で捉えるための具体的な指標としては，観光客数（宿泊客数と日帰り客数），観光消費額（交通費，宿泊費，飲食費，買い物費，入場料等），観光客満足度（来訪についての総合満足度と宿泊や飲食をはじめとする各種サービスに対する個別満足度）が挙げられる。また，観光客が訪れることによる地域側への影響を把握するための指標としては，観光資源・観光施設の活用状況，観光経済波及効果，住民満足度，従業員満足度等が挙げられる。

3）地域の魅力と課題の整理

各種指標から地域の現在の姿を正しく把握したのち，その結果に基づいて地域の「強み」（魅力となる個性・独自性）と「弱み」（地域の観光を取り巻く諸課題）を，網羅的に整理する。その際には，観光地の内部環境の分析のみならず，外部環境（国全体，あるいは世界的な観光の動向，そのほかの社会経済的な変化等）も重要となる。「機会」（対象地域にとってプラスとなる要素）と「脅威」（同じくマイナスとなる要素）の分析や，競合する他地域との比較もまた，重要である。

(2) 地域の理想の姿を明確化し共有する

観光地としての現状を正しく把握し，その魅力と課題を整理したうえで，観光計画の要ともいえる「望ましい将来像」を描く。併せて，どのような考えのもとに将来像を実現するのかという基本方針や，地域の将来像を具体化した空間的ゾーニング，将来像を実現するための関係主体の役割分担にも触れることになる。また，これらの項目について地域内で共有して合意形成を図り，望ましい将来像実現のための気運を高めることも重要である。

1）将来像と基本方針

一般的に地域の個性・魅力に由来する「強み」や，外部環境に由来する「機会」をどう活かしていくか，という視点で取りまとめられることが多い。特に将来像は，観光計画策定後，その内容を最も端的に表す言葉として一人歩きすることもあるため，表現には十分な配慮が求められる。

先に触れた「第2次箱根町HOT21観光プラン基本計画／同実施計画」では，「交流から発見が生まれる国際文化観光地 箱根」を将来目標像として掲げ，「豊かな自然と伝統を継承しながら，暮らす人・働く人と訪れる人にとっていつも新鮮な発見がある観光地の形成を目指して」と添えられている。「国際文化観光地 箱根」というキーワードが盛り込まれ，何を地域の個性として発信しよ

図8-4　箱根町 大涌谷（筆者撮影）

うとしているのかがわかる。さらに，住民と来訪者の双方を視野に入れた将来目標像となっている点が特徴である。これは，箱根が温泉地として長い歴史を有しており，観光産業の比率が高いこと，町のほぼ全域が富士箱根伊豆国立公園に含まれることも影響しているものと考えられる。

2）目標数値

観光地の経営状況を把握する際に使用した指標等を活用し，将来像の達成度を数値化することが重要である。例えば，長野県松本市では「松本市観光ビジョン（2024年3月策定）」において，めざしたい観光地像を「あなたと"いきたい"まち～繋がる・触れる・彩る 松本～」とし，その実現に向けて質的な指標と量的な指標に区分した具体的な数値目標を設定している（図8-6）。

図8-5　松本市 上高地（筆者撮影）

	指標	基準値		目標値
質	国内旅行者　旅行満足度※1	68%（2023年度実績値）	基準値＋10.0% →	75%
	訪日外国人旅行者　旅行満足度※1	89%（2023年度実績値）	基準値＋3.0% →	92%
	国内旅行者1人当たり観光消費額※2	宿泊　30,653円 日帰り　7,475円（2023年度実績値）	基準値＋5.0% →	宿泊　32,200円 日帰り　7,800円
	訪日外国人旅行者1人当たり観光消費額※2	宿泊　44,021円 日帰り　16,502円（2023年度実績値）	基準値＋5.0% →	宿泊　46,200円 日帰り　17,300円
量	国内旅行者　年間宿泊者数	1,549,830人泊（2022年分実績値）	基準値＋10.0% →	1,705,000人泊
	訪日外国人旅行者　年間宿泊者数	187,959人泊（2019年分実績値）	基準値＋30.0% →	244,000人泊
	観光入込客数	5,099,274人（2015～2019年分平均値）	基準値＋6.0% →	5,405,000人

※1：満足度アンケート調査において「満足」と回答した旅行者の割合　※2：現地で発生した費用のみの合算で，一次交通費用は含まない。

図8-6　観光計画の数値目標（松本市の例）
資料）松本市観光ビジョン（令和6年度～10年度），2024を基に筆者作成

3）空間のゾーニングと担い手の役割分担

観光計画におけるゾーニングとは，対象地の空間をいくつかのゾーンに区分して，それぞれのゾーンに意味づけを行うことをさす。一般的には，まず観光面で利用するゾーンと，そうでないゾーンに区分し，前者についてはさまざまな観光上の意味づけを行う。例えば，来訪者のための利便施設を集約し，賑わいのある観光拠点を明確化する等である。だが国内市場が縮小に転じた状況下では，観光振興の取り組みが，ハードの整備からソフトの充実へと軸足を移した。そのため近年は，空間的なゾーニングに触れない観光計画も少なくない。

また，対象地域の観光振興にたずさわるさまざまなステークホルダー（利害関係者）が，どのような役割を果たすかの基本的な考え方を示す必要がある。かつては，観光事業者と観光推進組織，そして行政の観光担当部門という三者が観光の推進役であった。しかし近年は，行政の観光担当部門は前二者をサポートする立場として一歩退き，一方で，幅広い地場産業関係者や市民活動団体，一般市民までもが広義での「観光の担い手」に位置づけられるようになった。

4）ビジョンの共有と合意形成

これまで述べた地域の将来像と基本方針，空間のゾーニングや担い手の役割分担は，観光計画の骨格となる部分であり，対象地域内で広く共有される必要がある。そのため，観光計画策定体制のなかには幅広い立場からの関係者の参画が必要となり，また計画策定の途上においてもパブリックコメント等で広く一般の住民に周知して，意見に耳を傾けるプロセスを踏むことが重要である。

（3）将来像実現のための道筋を描く

計画策定の後半では，理想的な将来像を明確にして共有したうえで，将来像を実現するための方策を多面的に検討し，体系化して示す。観光振興のための総合的な計画という性格上，方策は多岐にわたり，網羅的な内容となる。そのなかでも重要性や実効性を勘案して，優先順位をつけて，段階的な目標達成の道筋を示すことや，施策ごとに実施時期や実施主体を具体的に検討しておくことが求められる。

前述の松本市観光ビジョンでは，めざしたい観光地像を実現するため5つの基本方針を設定している。より具体的な施策と事業例（一部抜粋）は，図8-7を参照してほしい。

3 今後の観光計画に求められる視点

（1）持続可能な観光

地域活性化の「ツール」として観光への注目度はますます高まっているが，観光が地域に与えるインパクトには，プラス・マイナスの両面があることを知っておくべきである。

経済的・社会的・文化的なプラスの効果が見込める一方で，例えばオーバーツーリズムの影響なども想定し，プラスの効果を最大化してマイナスの影響を最小化することを意識した観光計画策定が求められる（図8-8）。

（2）まちづくりと融合した観光

観光振興は，観光客と観光関連事業者を受益者とみなして進められてきた側面がある。しかし近年では，この見方も大きく転換した。地域とは，そこで暮らす住民がいて成立するものであり，観光振興と地域の課題を考えるには，住民の視点をないがしろにしてはならない。「観光」と「まちづくり」が互いに接近した「観光まちづくり」を意識した観光計画策定が求められる。

第8章　観光計画

| 目指したい観光地像 | あなたと"いきたい"まち
〜繋がる・触れる・彩る　松本〜 |

▼

基本方針	施　　策	
基本方針①〜ひらく〜 松本市のファンづくりと愛着を持って働く人の増加	「短い市民」「松本ファン」の増加	地域住民・事業者のウェルビーイング向上
	労働力不足を補うための施策の検討	ガイドの育成
基本方針②〜かわる〜 定量データの活用と積極的なDXの導入	継続的なデータ収集と分析	オーバーツーリズム対策
	冬季観光の強化による需要平準化	観光DXの導入
基本方針③〜すすめる〜 多様な旅行者を受け入れ資源を未来に残す取組みの推進	ゼロカーボン・SDGsの推進	多様な旅行者の受入環境整備
	文化観光の推進	観光関連施設等の管理・改修
	交通の整備・利用促進	自然災害などのリスク管理強化
基本方針④〜とどける〜 的確なターゲットに向けた市が一体となった情報発信	情報発信の一元化	誘客プロモーションの強化
	観光関連団体及び事業者等との連携強化・情報共有	広域連携事業の推進
基本方針⑤〜かせぐ〜 観光組織の体制強化と量から質へのシフト	観光組織の体制強化とプロ経営者の登用	新たな観光コンテンツの造成
	法定外目的税導入の検討	インバウンドの受入強化

▼

基本方針②〜かわる〜の事業例		短期	中期	長期
継続的なデータ収集と分析	旅行者調査の分析と統計整備	○		
	市内宿泊施設と連携したデータ取得・分析ツールの仕様検討と開発・実装			○
冬季観光の強化による需要平準化	年間を通じて楽しめるモデルコースの検討・造成	○		
	冬季の観光コンテンツの検討・造成	○		
オーバーツーリズム対策	高付加価値コンテンツ・プランの検討・造成	○		
	変動価格制の導入検討		○	
	松本城・上高地への一極集中化解消に向けたコンテンツ開発やモデルコース造成	○		
観光DXの導入	キャッシュレス・オンライン予約環境整備	○		
	ICTを活用した業務効率化・省人化・無人化推進		○	

図8-7　松本市観光ビジョンの概略

資料）松本市観光ビジョン（令和6年度〜10年度），2004を基に筆者作成。事業例については基本方針②に関するもののみ一部抜粋

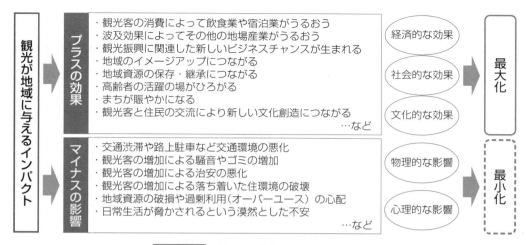

図8-8 観光が地域に与えるインパクト
資料）台東区新観光ビジョン，2010を基に筆者作成

（3）複合的な地域課題を解決する観光

　観光は，経済的・社会的・文化的な幅広い影響を地域に及ぼす。このことは，観光の分野の諸問題が他分野のさまざまな地域課題と密接かつ複雑に結びついていることを物語る。

　観光の課題解決を図るには，ほかの地域課題にも目配りすることが求められる。逆にいえば，観光を起点として多様な地域課題の解決にアプローチすることが可能になるのである。観光計画を策定するとき，観光を限定的な問題として捉えるのではなく，地域課題の解決と，その先に見えてくる望ましい地域の将来像を意識することが重要である。

　観光計画の策定は，望ましい地域の将来像の実現に向けたスタート地点ともいえる。地域の多様な担い手を巻き込んで，推進体制を整え，計画実現に向けて取り組むことが観光地経営（第9章参照）へとつながっていくのである。

🌐 章のまとめ課題

❶　自分が暮らす市区町村が策定した観光計画を，自治体のWebサイト等で調べて，その内容をまとめよう。

❷　観光計画を策定しようとしたときに，検討メンバーには具体的にどのような人たちを巻き込むとよいか，理由も併せて考えてみよう。

❸　望ましい地域の将来像を実現するための方策をリストに挙げ，優先順位をつける場合の基準について考えてみよう。

コラム②　観光と健康—ハイキング・登山のすすめ—

　ハイキングや登山は，歩く楽しみだけでなく健康増進の効果があります。例えば首都圏から電車に乗り，日帰りで奥武蔵や秩父，奥多摩の低山をめざしてみましょう。少し歩いて見晴らしのよい場所で弁当を広げ，休憩をしたらまた歩いてと，ハイキングは旅気分で楽しめます。

　一方で登山となればハードな運動となり，それなりに装備も必要です。風景が次々と変わっていくさまには，緊張もしますが開放感を覚えます。美しい渓谷や尾根を巡り，珍しい樹木や高山植物を愛で，ときには野生の小動物に出会えるなど喜びもひとしお。ついに頂上にたどり着いたときの爽快感や達成感には格別なものがあります。同時に，精神力や体力の強さに満足して，自信がもてます。

　総務省統計局が毎年，集計・発表する「ハイキング・登山人口」をみると，団塊世代が多いのが特徴でしたが，近年，高齢化が進んでいるため減少傾向にあります。また，『レジャー白書2023』（日本生産性本部）によると，余暇活動種目における登山の参加率はわずか5.2％で，さほど多くはありません。一方，ピクニック・ハイキング・野外散歩の参加率は14.5％，ウォーキングとなれば31.5％と高くなり，映画鑑賞を上回る結果になっています。

　日本は国土全体の約4分の3が山地です。登山をするには環境も整っていますが，遭難者は年々，増加傾向です。2022（令和4）年は年間3,506人が山で遭難しています。統計が残る1961（昭和36）年以降で過去最多でした。油断せず，本格的な装備で臨む必要があります。

　近年は，ロングトレイルも各地で整備されています。青森県から福島県までの東北太平洋岸の約1,000キロを歩く「みちのく潮風トレイル」が代表例です。アメリカでは，軽テントを背負って何千キロも歩き続けるコースが多くありますが，日本では宿泊施設が整備されており，推奨のモデルコースを，日数をかけて踏破します。

　山登りは山頂に到達したら下山しますが，それを下山せずに次の山を登る「縦走」もあります。最近では登山道を軽装で走る「トレイル・ランニング」が注目されるようになってきました。後者の例では，東京青梅市の御嶽山で実施されている「みたけ山トレイルラン大会」が有名です。都内屈指のパワースポット・武蔵御嶽神社がゴールです。埼玉・秩父の横瀬町では，「クアオルト健康ウォーキング」という健康療法が注目されています。快適な自然環境のなか，無理のないウォーキングで健康になることをめざします。「クア」はドイツ語で療養，「オルト」は場所を意味します。散歩にも似ていますが，歩行中は心拍数や血圧，表面体温を上げないように管理して臨むので安心です。

第9章 観光地経営

ポイント
- 観光地経営の目的は，観光地の持続的な発展であり，長期的な取り組みが必要であることを理解する。
- 観光地経営の土台は観光地計画であり，観光地経営のリーダーは，観光地計画策定者，通常は行政（都道府県庁，市町村役場）であることを理解する。
- 観光地経営には，行政のみならず，DMO，民間企業や業界団体，住民等，多様な推進主体が参画することを理解する。

1 企業と経営

　観光地経営は，企業と企業経営に近似した点がある。企業とは，組織あるいは組織体の一種であり，組織体とは，意識的に調整された複数の人間の活動の集合体で共通目標の遂行をめざすものである。また，企業はビジネス・サイクルを無限に反復する「無限持続体」[1]，つまり一過性ではなく長く継続する組織である。

　次に，経営とは，ヒト・モノ・カネ・情報という経営資源を活用して，顧客を満足させる製品・サービスを提供し，企業の目的を実現しようとする活動のことである。

　経営資源のうち，ヒトは，社員，アルバイトといった労働者（労働力）をさし，商品の企画，生産，販売といった活動を実際に担う。モノは，商品を製造するための原材料，工場やオフィス等の土地・施設・設備等をさす。カネは，ヒト，モノ，情報を確保・維持するための資金をさす。情報は，データや（ヒトがもつ）ノウハウをさす。ヒト・モノ・カネは有形資源，情報は無形資源である。

2 観光地と観光地経営

　観光地とは，観光で訪れる来訪者から得られる収入が地域経済の基盤となっている地域，すなわち，観光産業の集積が一定程度進み，観光客の受け入れが可能な地域と定義される。地域の範囲は，国を一つの観光地と考える場合もあれば，都道府県単位，市区町村単位を観光地と考える場合もある。第8章で解説した「観光計画」は，国，都道府県，市区町村が策定することが主流であるが，本章では，都道府県および市区町村を「観光地」の単位（地域）と想定して解説する。

　観光地経営は，「(1) 観光地の持続的な発展」を目的として，「(2) 一定の方針（ビジョン）」に基づいて，「(3) 観光地を構成するさまざまな経営資源と推進主体」をマネジメントする

93

第9章　観光地経営

ための「(4) 一連の組織的活動」と定義される。

(1) 観光地の持続的な発展

　観光地の持続的な発展とは，経済的にも文化的にも観光地を活性化することである。持続的とは，観光地が企業と同様に，無限持続体，つまり一過性ではなく，将来にわたって末永く存在する地域であることをさす。活性化とは，観光地の特徴をふまえて，人々が来訪したくなる価値を生み出すことである。持続的な発展には，観光客と地域住民の満足度，観光客の数（量）と観光消費の増加，観光地が得た（観光による）利益を関係者・関係組織に還元すること，の3点を考慮することが望ましい。観光地は，観光客だけの地域ではなく，そこには住民がいる居住地でもある。多様な機能をもつ地域であることを考慮する必要がある。

(2) 一定の方針（ビジョン）

　一定の方針（ビジョン）とは，前述した目的（観光地の持続的な発展）を達成するための観光地全体の経営指針であり，観光計画がこれに相当する。観光計画は，自治体（行政）単位で策定される場合が多いが，地域住民や地元企業等，多様な観光関係者の合意が求められる。なお，観光計画は法定計画（法律によって自治体が策定しなければならない計画）ではないため，策定していない自治体もある。観光産業が自治体の基幹産業でない場合等である。しかし，そうした場合も，総合計画のなかに観光施策が盛り込まれることがある。

(3) 観光地を構成する経営資源とさまざまな推進主体

　経営資源とは，観光地が経営活動を行うにあたって活用可能な資源のことをさしており，「1) 観光資源・観光施設」「2) 観光インフラ」「3) 観光人材・組織」「4) 観光財源」の4つに分類できる。

1) 観光資源・観光施設

　観光資源・観光施設は，消費者の来訪目的になり得るものであり，来訪意欲を刺激し，実際に来訪させる力（誘客力）をもつ。観光資源は，自然資源（例：山岳，湖沼，海岸等の人力では創出できないもの）と人文資源（例：神社・仏閣，博物館・美術館，テーマパーク等の人力で創出されたもの）に分類できる。観光資源には有形のものばかりでなく，無形のもの（例：祭り，伝統行事，イベント，郷土料理）も含まれ，観光資源・観光施設は新規創出や改善が可能なものである。また，観光資源・観光施設は，収益を確保することができ，観光地の経営資源のなかでも重要である。

2) 観光インフラ

　観光インフラとは，観光客と，観光客を受け入れるための組織や場所，それを支える観光にたずさわる労働者としての住民の活動を成立させるための基盤である。観光案内所や案内板，休憩所，トイレといった施設，観光客の居住地と観光客を結ぶ，あるいは観光地内を移動するための交通施設（鉄道と駅，航路と空港，バスとバス停，道路等），観光地の情報を観光客に提供するマップやパンフレット，ホームページやアプリといった情報提供手段等である。

94

いずれも，観光地に不慣れな観光客に利便性や快適性を提供する。

　また，観光地の住民のための生活基盤（電気，ガス，上下水道，通信，医療等）も観光客が利用することから，これらも観光インフラの一部といえる。

3）観光組織・観光人材

　観光組織には，観光計画の策定者である自治体，観光協会，旅館組合等の業界団体，商工会，商店街，企業等があり，これらの組織が観光地経営の推進主体でもある。観光人材は，こうした観光組織の経営者・従業員，何らかの形で観光に関わっている住民（例：ボランティアガイド，観光資源・施設の美化活動実施者）が含まれる。

　観光人材は，その役割によって，2種類に大別できる。1つは，観光地経営の戦略を立てる人材であり，観光組織の経営者や管理職が該当する。もう1つは，観光計画や観光戦略に基づいて，観光客に接する人材であり，宿泊施設や土産物店，飲食店の接客担当者，ガイド，観光案内所職員等が該当する。前者は，観光地の将来を左右する重大な責任があり，後者は観光客の満足度や再訪意向を左右する。

4）観　光　財　源

　観光財源とは，観光地経営に必要な資金である。前述した観光組織（推進主体）ごとに，観光財源が確保・支出されている。自治体の場合は，観光施策を管轄する部署（観光課等）が確保・執行する予算がこれに該当する。なお，観光施策は多岐にわたるため，観光以外の部署が観光に関連する予算を確保・執行する場合もある。観光財源が観光組織単位で管理されていることで観光施策・事業の重複や漏れが発生するおそれがあるため，観光地経営にとってメリットとはいえず，観光財源を効率的に執行することが望まれる。観光財源は，組織外から確保することもできる。例えば，入湯税等の目的税や補助金・交付金等で，近年ではクラウド・ファンディングといった方法も登場している。

（4）一連の組織的活動

　一連の組織的活動とは，多様な経営資源，推進組織の相互理解と合意形成のための調整を行うことである。中心となるのは，観光計画の策定者である自治体であるが，他の推進組織もこの活動に参画する。推進組織ごとに将来像や目標があるが，観光地という単位では，将来像が複数あることは望ましくない。推進主体それぞれが，その役割を相互に理解したうえで役割分担や将来像実現のための施策・事業の内容や予算を調整する必要がある。

3 観光地経営の新たな司令塔 ― DMO ―

　観光地にはさまざまな推進主体（経営組織）があり，それぞれが観光地経営の一端を担うが，近年，観光地の推進主体間の司令塔として重視されているのが，観光地域づくり法人（DMO：Destination Management/Marketing Organization）である。

　わが国では，2014（平成26）年度から国を挙げて地方創生政策に取り組み始め，2015（平成27）年6月に発表された「観光立国実現に向けたアクション・プログラム2015 ―「2000

万人時代」早期実現への備えと地方創生への貢献，観光を日本の基幹産業へ──」のなかで，「『観光地経営』の視点に立って観光地域づくりの中心となる組織・機能（日本版DMO）を確立」[2]が掲げられた。

DMOは，地域の「稼ぐ力」を引き出すとともに地域への誇りと愛着を醸成する地域経営の視点に立った観光地域づくりの司令塔として，多様な関係者と協同しながら，明確なコンセプトに基づいた観光地域づくりを実現するための戦略を策定するとともに，戦略を着実に実施するための調整機能を備えた法人である。多くの自治体では，既存の観光協会や，それに類する組織がDMOの役割を担う。

基礎的な役割・機能（観光地域マネジメント・マーケティング）は，以下の4点であり，自治体とDMOが共同で実施したり，自治体から委託されてDMOが実施する役割・機能もある。

① DMOを中心として，観光地域づくり・観光地経営を行う多様な関係者の合意形成

② 各種データ等の継続的な収集・分析，データに基づく明確なコンセプトに基づいた戦略（ブランディング）の策定，KPI（Key Performance Indicator：重要業績評価指標）の設定・PDCAサイクルの確立

③ 地域の観光資源の磨き上げや域内交通を含む交通アクセスの整備，多言語表記案内等の受入環境の整備等，観光地整備に関する地域の取り組みの推進

④ 関係者が実施する観光関連事業と戦略の整合性に関する調整・仕組みづくり，プロモーション

観光庁は，DMOを「広域連携DMO」（複数都府県にまたがる組織），「地域連携DMO」（単一県，あるいは複数市区町村にまたがる組織），「地域DMO」（市区町村単位）の3種類に分け，登録制度を2016（平成28）年2月から開始した。2023（令和5）年9月時点での登録DMO数は282件である。観光庁は，『観光地域づくり法人（DMO）における自主財源開発手法ガイドブック』（2022年3月発行，同年10月更新），『観光地域づくり法人（DMO）による観光地域マーケティングガイドブック』（2022年12月発行），『観光地域づくりに関する支援メニュー集』（令和6年度概算要求版）の発表等，DMOの支援を行っている。

4 観光地経営の具体的活動

観光地経営は，一定の方針（観光計画）に基づいて実践されることが望ましい。観光計画の策定も観光地経営に含まれるが，これについては第8章で詳述しており，本項では，観光計画策定以外の観光地経営において特に重要な4つの具体的活動について解説する。

（1）観光地の現状把握

企業がさまざまな数字で経営状態を把握するように，観光地も数字で現状を把握する必要がある。数字は，観光計画で示された目標（数値）とも連動する。

観光地の数字の代表的なものは，観光客に関するものである。観光客の総数のみならず，いろいろな切り口で観光客の数を把握する。例えば，日帰り客/宿泊客，居住地（インバウン

ドの場合は国籍），年代，来訪交通手段，来訪目的，認知手段，満足度，再訪意向，消費額等である。これらの数字は，観光客対象の調査を行わないと把握できないものや，観光資源・観光施設（推進主体）が集計しているものがある。推進主体にとって，社外秘ともいえる重要な経営情報であるが，観光地としては，特に将来の施策を考えるために必要な情報である。観光地経営の推進主体のリーダーである行政やDMOは，推進主体に数字の提供を求めなければならない。また，こうした数字は，行政だけでなく，観光地経営にたずさわる多様な推進主体の間で共有することが望ましい。個々の推進主体は，自主体のもつ数字だけでなく，観光地の現状を，多面的に数字を通して知ることで，広く長期的な視野で観光地経営にたずさわることができる。

(2) 観光資源の見直し，保存と活用の両立

これまで観光資源でなかったものが，何かをきっかけに観光資源として脚光を浴びることもある。近年は，観光客がSNSで発信した情報によって，急きょ，観光資源になってしまうモノ・コトも多い。

観光資源は，感動を生み出す力をもっており，（公財）日本交通公社は，観光資源評価の視点として，美しさ・大きさ・古さ・珍しさ・静けさ・日本らしさ・地方らしさ，といった14の視点を挙げている[3]。これらの視点に当てはまるモノ・コトがないかどうか，観光資源の見直しを絶えず行い，適切な活用を行うことも，観光地経営にとっては必要である。

また，観光資源は，長期間，継続して活用することを前提に，活用のみならず，保存も同時並行で実施する必要がある。観光地を観光地として存続させるためには，観光地のなかで最も大切な観光資源を持続可能にするための対策も必要である。

近年は，観光客が特定の場所や時間に集中するオーバーツーリズムという現象によってダメージを受ける観光資源もある。自然資源であれば，登山者の急増で，登山道以外の場所を歩く人が増え，貴重な植物が踏みにじられるといったケースや，文化資源であれば建物に落書きをするケース等である。観光資源そのものだけでなく，周辺環境まで悪化しているケースもある。観光資源の保存方法の事例としては，観光客が入れる（歩ける）エリアを規制したり，利用時間を制限したり，有料化や予約制によって観光客数をある程度コントロールするといった方法がある。自然資源の場合は，一度ダメージを受けると，回復までに時間を要したり，あるいは回復できない場合もある。観光資源を多くの観光客に活用してもらうことは，観光地にとってありがたいが，観光客の活用状況をふまえて，適切な保存にも取り組まなければならない。

図9-1　観光地の自然保護の一例
（八丈島　滝への歩道，筆者撮影）

（3）ターゲットを絞った誘客活動の展開

　日本の観光地が直面する最大の課題は，人口減少といっても過言ではない。人口が減ると，必然的に旅行者も減ってしまう。日本人の国内旅行者減少を補う対策として，政府は2003（平成15）年以降，観光立国すなわち訪日旅行者（インバウンド）誘致に注力しているが，日本国内の旅行消費の最大シェアを占めるのは日本人の国内旅行による消費であり，人口減少という課題はあっても観光地は日本人観光客を大切にしていく必要がある。

　観光地は，ターゲットを絞って，観光客の誘致活動を展開することが望ましい。「来てくれるなら誰でもいい」ではなく，観光地のもつ観光資源・観光施設にふさわしい観光客，観光資源・観光施設に満足してくれそうな観光客を誘致するべきである。観光地が特に誘致に力を入れるべき観光客は，以下の3種類と考えられる。

　1つ目は，できるだけ滞在時間の長い観光客である。日帰り観光客よりも宿泊客の方が観光地での滞在時間が長いため消費も期待できることから，宿泊客の誘致に取り組むべきである。宿泊施設が少なかったり，大都市圏に近いといった理由で日帰り型の観光地であっても，滞在時間延伸の取り組みはできる。滞在時間が長くなれば旅行消費額も増える。

　2つ目は，平日の観光客である。日本に限らないが，観光地にはオン・シーズン（繁忙期）とオフ・シーズン（閑散期）がある。土日祝日や，ゴールデンウィーク（4月下旬〜5月上旬），夏休み，年末年始はオン・シーズンであり，観光地は混雑する。しかし，平日や，5月中旬〜7月上旬，冬季がオフ・シーズンとなる観光地もある（スキー場を有する観光地は冬季がオン・シーズンであるが）。観光地においては，観光客数のオン・オフの差が小さいほど（旅行需要（観光客）の平準化），観光資源・観光施設は通年で安定した経営ができ，それが安定した観光地経営につながる。

　3つ目は，リピーター，すなわち，少なくとも1回はその観光地を訪れたことのある観光客である。前述したように，日本は人口減少が進んでいる。それは，その観光地に来たことのない人も減っていくことを意味する。そうであれば，新しい観光客（その観光地に来たことのない人）という減少しつつある客層の誘致に力を入れるよりも，観光地のことを知っている観光客を再度誘客するほうが確実である。観光客は，来訪地での満足度が高いと，再訪する（リピーターになる）確率も高くなるといわれている。観光地では，リピーターを誘致する前提として，観光客の満足度を高める取り組みも大切である。

　国策としての観光立国を展開するうえでは，観光地はインバウンドの誘致にも取り組むべきである。インバウンドは，前述した滞在時間の長い観光客，平日の観光客となり得るからである。しかし，新型コロナウイルスのような感染症の流行や外交的な理由で，インバウンドが大きく左右されることがある。観光地として誘致すべき日本人観光客とインバウンドの比率にも，留意が必要である。

（4）観光財源の確保

　企業にとっての経営資源の1つは「カネ」であるが，観光地経営にも財源が必要である。
　行政（都道府県や市区町村）は予算を確保して，観光計画の策定をはじめとしたさまざまな

4　観光地経営の具体的活動

観光地経営を行うが，地方財政（特に市区町村）は潤沢とはいえないため，市区町村は都道府県や国の予算（補助制度等）を導入することがある。行政は，こうした補助制度に関する情報収集の能力も必要となる。補助制度は，事業費の全額補助とは限らず，2分の1補助（上限）といった制約もあり，観光地自身も事業費の一部を準備する必要もある。

近年では，「受益者負担」の仕組み，つまり観光客から観光財源を徴収する観光地もあり，海外の観光地でも導入されている。日本では，入湯税の値上げや，宿泊税，入山料・入島料の徴収等である。入湯税は，市町村（特別区含む。以下同）が徴収する地方税で，標準税率は150円であるが，市町村の判断で金額を変更することができる。宿泊税は，都道府県あるいは市町村が徴収する地方税である。宿泊料金によって税率が異なる方法をとる自治体が多い。入湯税や宿泊税は，宿泊料金と合わせて徴収される。入山料は富士山，入島料は沖縄県竹富町等で徴収している（2024年3月現在）。しかし，入山料・入島料は税でないため，支払いは任意となり，すべての観光客から徴収できない側面をもつ。観光地経営の推進主体は，観光地維持のために資金面で観光客の協力が必要であることを周知し，協力者（観光財源支払者）を増やす取り組みが必要である。

DMOは，行政から事業委託費等を受け取る場合があるが，会費収入や独自事業（例：現地発着のツアー，体験プログラム，オリジナル・グッズ販売）で独自財源の確保にも取り組んでいる。観光地の観光資源には見るだけでなく活用が可能なものもあるし，リピーターは，前回来訪時とは違うモノ・コトを観光地に求める可能性もある。インバウンドであれば，やはり日本らしいモノ・コトを観光地に求めるであろう。観光地ならではのモノ・コトをDMOが販売することで，観光客の満足度向上とともに，独自財源も確保できるのである。

(5) 観光地の危機管理（リスクマネジメント）

観光計画は，一般的に5年から10年間を計画期間として，観光地の将来像実現のための施策をまとめたものである。いわば（観光地の）明るい未来のための計画といえる。

その一方で，日本では毎年のように大規模な自然災害が発生し，観光地も甚大な被害を被っている。2011（平成23）年3月の東日本大震災や2024（令和6）年1月の能登半島地震等が挙げられる。

しかし，観光地は，どのような災害が発生しようとも，他の場所への移転はできない。どれほど時間がかかっても，その場所で観光地として復旧しなければならないのである。

企業においては，災害等の危機に備えて，事業継続計画（BCP：Business Continuity Plan）を策定している。BCPは，大地震等の自然災害，感染症のまん延，テロ等の事件，大事故，サプライチェーン（商品の原材料の調達から製造，販売までの供給網）の途絶，突発的な経営環境の変化など不測の事態が発生しても，重要な事業を中断させない，または中断しても可能な限り短い期間で復旧させるための方針，体制，手順等を示した計画のことである。

観光地は日本全国にあり，災害は時と場所を選ばず発生する。観光地の有無にかかわらず，全国の自治体は，防災計画を策定しており，この計画のなかには災害発生後の施策も含まれている。しかし，防災計画は，あくまで防災のための計画であり，災害発生後には重点が置

99

第 9 章　観光地経営

図9-2　沖縄県「首里城」
2019（令和元）年12月，筆者撮影。同年10月の火災後，観光客に公開しながら復旧作業を進めている。

かれていない。そのため，観光地という単位，観光地を有する自治体単位で企業のようなBCPを策定することは，観光地の危機管理の土台となろう。

　観光地経営は，観光計画に基づいて実践されるが，自然災害等の危機が発生した場合，観光地はBCPを発動させ，観光地としての復旧をめざすのである。観光地が被災した場合，観光客だけでなく観光地の地域住民も被災する。住民の生活再建が最優先であることは間違いない。観光地として持続することは，住民の雇用を守り，観光産業という地場産業を守ることでもある。BCPは，災害発生後，直ちに災害前の状態に戻すことを目的としたものではない。観光地においては，例えば宿泊施設を被災住民の避難所として開放したり，復旧工事関係者を受け入れるといった既存施設の活用が可能である。観光客の受け入れが可能なエリアや観光資源・観光施設の情報を発信し，観光地の一部だけでも，観光地としての機能を維持する。観光地は，観光客が来てくれなければ，観光地とはいえない。災害後には，一般的な「観光客」の来訪は少ないかもしれない。しかし，災害からの復旧過程も「観光地の生の姿」であり，被災した観光地は観光客とともに復旧をめざすことができよう。

🌐 章のまとめ課題

❶　受益者（観光客）負担で観光財源を確保することについて，賛同するかどうか考えてみよう。また，その理由を挙げてみよう。

❷　観光資源の活用が環境破壊につながらないようにするために，行政やDMOは，どのような保全活動をすればよいか考えてみよう。

❸　観光地で自然災害が発生した後，行政やDMOはどのように観光客の回復に取り組んだらよいか，考えてみよう。

第10章 観光政策と観光行政

ポイント
- ・観光政策とは何かについて理解する。
- ・観光立国推進基本法および観光立国推進基本計画と観光政策との関係を理解する。
- ・観光政策の実施体制および各種観光政策の体系について理解する。
- ・観光行政は，観光政策をふまえてさまざまな社会課題に対応し，よりよい観光のあり方を促す役割を担っていることを理解する。
- ・観光行政では，地域から国際的なスケールまで幅広い視野をもち，地域間や分野間で横断的に連携したパートナーシップが求められることを理解する。

1 観 光 政 策

(1) 観光政策とは

　観光政策とは，観光事典によると「ゆとりや豊かさを実感できる国民生活の実現，観光産業の一層の振興による消費需要の創出，雇用機会の拡大，国土の均衡ある発展，地域の活性化，国際観光交流の拡大・充実による諸外国との友好・信頼関係の深化等を図るため，観光に関し主として国が講ずる方策」[1] と定義している。また，観光学大事典によると「観光旅行を発展させ，観光に関連する産業および地域社会の振興を図るために国および地方公共団体が講ずる施策の総体」[2] となっている。観光政策とはつまり，観光に関して主に政府（国）・行政（地方公共団体）が行う各種諸施策や事業をいう。

　また，1963（昭和38）年に制定された観光基本法に基づき，訪日旅行者（インバウンド）の来訪の促進，インバウンドに対する接遇の向上，安全の確保，利便の増進，観光資源の保護，人材育成および開発等の各種の施策を展開してきた。同法は，議員立法により 2006（平成18）年 12 月 13 日に成立し，2008（平成20）年 1 月 1 日から施行されている観光立国推進基本法に全部改正され，観光を 21 世紀における日本の重要な政策の柱として明確に位置づけた。

　観光庁は同法について「観光立国の実現に関する施策の基本理念として，地域における創意工夫を生かした主体的な取組みを尊重しつつ，地域の住民が誇りと愛着を持つことのできる活力に満ちた地域社会の持続可能な発展を通じて国内外からの観光旅行を促進することが，将来にわたる豊かな国民生活の実現のため特に重要であるという認識の下に施策を講ずべきこと等を定めています」としている。また同法に基づき，政府は，観光立国の推進に関する施策の総合的かつ計画的な推進を図るため，閣議にて「観光立国推進基本計画」を定め

101

第10章　観光政策と観光行政

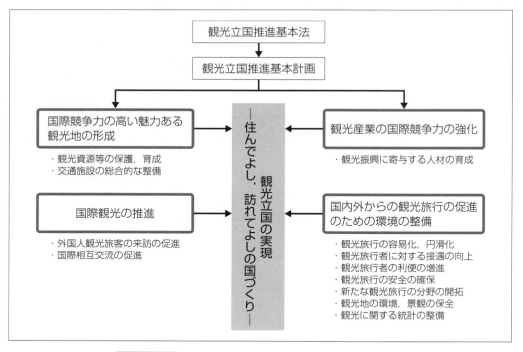

図10-1 観光立国推進基本法および観光政策の概念
資料）観光庁：観光立国推進基本法の概要より筆者作成

ることとしており，基本的施策として，国際競争力の高い魅力ある観光地の形成，観光産業の国際競争力の強化および観光の振興に寄与する人材の育成，国際観光の振興，観光旅行の促進のための環境の整備に必要な施策を講ずることとしている（図10-1）。

観光立国推進基本法および観光立国推進基本計画に基づき，毎年政府が観光に関し講じた施策などについて報告書として作成し，国会に提出することとしており，これがいわゆる『観光白書』である。

(2) 政府による観光政策の取り組み

わが国における観光政策（表10-1）は前述したとおり，観光立国推進基本法および観光立国推進基本計画に基づき展開されている。観光立国推進基本法は観光立国の実現に向け，観光に関する国の基本的な考えを示しているもので，国内外の観光需要を取り込み，観光の経済波及効果を最大限活用し，地域活性化や雇用機会の増大などをめざすものでもある。このような目標を具現化するため，観光の質的向上を象徴する「持続可能な観光」「消費額拡大」「地方誘客促進」の３つをキーワードに，持続可能な観光地域づくり，インバウンド回復，国内交流拡大の３つの戦略に沿って各種施策を展開していくものが観光立国推進基本計画である。そこで，観光立国の実現に向けての政府の取り組みについて，以下に概観する。

表 10-1　わが国における主な観光政策の詳細

○観光立国懇談会
- ・2003（平成 15）年 1 月に発足
- ・観光立国のあり方について検討

○ビジット・ジャパン事業
- ・訪日外国人旅行者数（521 万人（2003 年））を「2010 年までに 1,000 万人」を目標
- ・観光立国宣言と「YOKOSO！JAPAN」キャンペーン開始

○観光立国推進本部
- ・国土交通大臣を本部長とし，全府省の副大臣などで構成された部会
- ・外客誘致，観光連携，休暇分散化の 3 つの作業部会も設置

○観光立国実現に向けたアクションプログラム
- ・安倍晋三首相が主宰する観光立国推進閣僚会議にて決定されたもの
- ・観光振興の行動計画（2013 年〜 2015 年，毎年改定）

○明日の日本を支える観光ビジョン構想会議
- ・2015 年に安倍晋三首相を議長に行われた会議
- ・次の時代の新たな目標を定め，そのために必要な対応を検討

○明日の日本を支える観光ビジョン
- ・明日の日本を支える観光ビジョン構想会議にて取りまとめ（2016 年）
- ・2030 年までの具体的な数値目標の作成
  - ―訪日外国人旅行者数：6,000 万人（2015 年の 3 倍）
  - ―訪日外国人旅行消費額：15 兆円（2015 年の 4 倍超）
  - ―地方部での外国人延べ宿泊者数：1 億 3,000 万人（2015 年の 5 倍超）
  - ―外国人リピーター数：3,600 万人（2015 年の 3 倍）
  - ―日本人国内旅行消費額：22 兆円（最近 5 年間の平均から約 10％増）

○観光ビジョン実現プログラム
- ・「明日の日本を支える観光ビジョン」にて設定した数値目標を達成に向け作成
- ・2017 年〜 2020 年までに毎年作成

○感染拡大防止と観光需要回復のための政策プラン
- ・新型コロナウイルス感染症の影響で停滞していた観光需要の回復を図るため作成されたもの
- ・日本人国内旅行の需要の喚起とインバウンド回復に備えた取り組みを進めるのが主な目標
  - ―国内向けでは「GoTo トラベル事業」の開始および延長
  - ―インバウンド向けでは各種支援事業の展開

○インバウンドの本格的な回復に向けた政策パッケージ
- ・日本各地の魅力を全世界に発信する「観光再始動事業」の展開
- ・インバウンド消費 5 兆円超の速やかな達成をめざすもの

○新時代のインバウンド拡大アクションプラン
- ・インバウンド需要をより大きく効果的に根付かせる方策を検討・取りまとめたもの
- ・ビジネス分野で 40 施策，教育・研究分野で 13 施策，文化芸術・スポーツ・自然分野で 25 施策を展開
- ・国際的な人的交流の拡大を図る

○オーバーツーリズムの未然防止・抑制に向けた対策パッケージ
- ・国内外の観光需要は急速に回復し，観光客の一部地域への集中によって招じる各種観光の弊害への対策

（筆者作成）

第10章　観光政策と観光行政

（3）観光政策の展開

　観光庁によると，第4次観光立国推進計画において観光は「コロナ禍を経ても成長戦略の柱，地域活性化の切り札として位置づけ，国際相互理解・国際平和にも重要な役割を果たす」としている。

　また，新型コロナウイルス感染症による変化やコロナ禍以前からの課題をふまえ，わが国の観光を持続可能な形で復活させること，大阪・関西万博が開催される2025（令和7）年に向け，「持続可能な観光」，「消費額拡大」，「地方誘客促進」をキーワードに，「持続可能な観光地域づくり」，「インバウンド回復」，「国内交流拡大」に戦略的に取り組み，全国津々浦々に観光の恩恵を行きわたらせることとしている。

1）観光立国推進計画における基本的方針

　わが国における観光政策は，前述した通り「観光立国推進基本計画」に沿って各種施策が展開されており，第4次計画は2023年度～2025年度の3年間を計画期間としている。

　また，観光立国推進基本計画における基本的方針として，3つの戦略（図10-2）が位置づけられている。

2）観光立国推進計画における各種施策

　各種観光施策の展開においては，上記の基本的方針である3つの戦略に基づき，各種施策が展開された（図10-3）。

（4）ま　と　め

　観光政策は，観光立国推進基本法などの法律に基づき，今後の観光が向かうべき基本方針を明らかにし，観光立国推進計画などの計画に沿って各施策を講じていくものである。また，各種政策にあたっては，観光立国実現に向けたアクションプログラムなどの行動計画に基づ

持続可能な観光地域づくり戦略
- ●観光振興が地域社会・経済に好循環を生む仕組みづくりを推進する
- ●観光産業の収益力・生産性を向上させ，従事者の待遇改善にもつなげる（「稼げる産業・稼げる地域」）
- ●地域住民の理解も得ながら，地域の自然，文化の保全と観光を両立させる（「住んでよし，訪れてよし」）

国内交流拡大戦略
- ●国内旅行の実施率向上，滞在長期化をめざす
- ●旅行需要の平準化と関係人口の拡大につながる新たな交流需要の開拓を図る

インバウンド回復戦略
- ●消費額5兆円の早期達成に向けて，施策を総動員する
- ●消費額拡大・地方誘客促進を重視する
- ●アウトバウンド復活との相乗効果をめざす

図10-2　第4次観光立国推進計画の基本理念
資料）観光庁提供資料を基に筆者作成

1 観光政策

持続可能な観光地域づくり戦略	インバウンド回復戦略

持続可能な観光地域づくり戦略

- 地域一体となった観光地・観光産業の再生・高付加価値化
- 観光DX*¹の推進
- 観光産業の革新
- 観光人材の育成・確保
- 観光地域づくり法人（DMO）を司令塔とした観光地域づくりの推進
- 持続可能な観光地域づくりのための体制整備等の推進
- 良好な景観の形成・保全・活用
- 持続可能な観光地域づくりに資する各種の取り組み
- 国家戦略特区制度等の活用
- 旅行者の安全の確保等
- 東日本大震災からの観光復興
- 観光に関する統計等の整備・利活用の推進

国内交流拡大戦略

- 国内旅行需要の喚起
- 新たな交流市場の開拓
- 国内旅行需要の平準化の促進

＊1　DX：デジタルトランスフォーメーション
＊2　IR：統合型リゾート

インバウンド回復戦略

- インバウンドの回復に向けた集中的取り組み
- 消費拡大に効果の高いコンテンツの整備
  - アドベンチャーツーリズムの推進
  - アート・文化芸術コンテンツの整備
  - 地域の食材を活用したコンテンツの整備
  - 魅力ある公的施設の公開・開放
  - 外国人旅行者向け消費税免税店の拡大等によるショッピングツーリズムの推進
  - 大都市観光の推進
- 地方誘客に効果の高いコンテンツの整備
  - 国立公園の魅力向上とブランド化
  - 国際競争力の高いスノーリゾートの形成
  - 歴史的資源を活用した観光まちづくりの推進
  - 文化観光の推進
  - スポーツツーリズムの推進
  - 農泊の推進
  - 地方誘客に資する各種のコンテンツ整備
- 訪日旅行での高付加価値旅行者の誘致促進
- 戦略的な訪日プロモーションの実施
  - わが国の観光の魅力の戦略的な発信
  - 大規模イベントを活用した情報発信
  - 各分野と連携した情報発信
- MICEの推進
- IR*²整備の推進
- インバウンド受入環境の整備
  - 交通機関の整備・外国人対応
  - 出入国に関する措置等の受入体制の確保
  - 観光地等の外国人対応の推進
- アウトバウンド・国際相互交流の促進
- 国際観光旅客税の活用

図10-3　観光立国の実現に関し，政府が総合的かつ計画的に講ずべき施策
資料）観光庁提供資料を基に筆者作成

いて各種事業を展開し，設定した目標を実現していく。そのため，よりよい観光政策の設定においては今後の観光需要の的確な把握だけでなく，持続可能な地域づくりや文化・自然の保護保全などの観光政策を通じ，めざすべき理念および目標を明確に示す必要がある。

　今後の観光政策のあり方としては，観光立国推進基本法および観光立国推進基本計画を基に官民が一体となり，持続可能な観光をめざし，国内の観光需要の積極的発掘，インバウンドの量と質のさらなる向上を図る必要がある。また，消極的になっている日本人の海外旅行を積極的に促すための政策を展開させ，拡大していくインバウンド市場とあいまって理想的な双方向交流を実現していくことも重要である。

第10章　観光政策と観光行政

2　観光行政

（1）観光行政とは

1）観光行政の役割

　政策に基づいて，実際に具体的な取り組みを進める組織を行政という。観光分野においては，観光政策に基づいて事業を遂行する観光行政機関がある。

　観光行政には，観光によるメリットを最大化し，デメリットを最小にするような役割を担うことが求められる。観光に直接関わるのは，観光地を訪れ観光行動を行う観光者と，その観光者に対してさまざまなサービスを提供する観光関連事業者である。観光の現場では，この観光者と観光関連事業者が自由に取引を行い，観光地の賑わいを創出している。観光には地域活性化や持続可能な地域社会の実現といった効果が期待できる。しかし一方で，観光者が過剰に訪れることにより生じる悪影響（オーバーツーリズム等）や，危機・災害といった有事に観光者が激減することで観光に依存した地域経済が疲弊してしまうといったリスクがあると考えられる。そのようなメリット・デメリットをふまえ，観光政策に基づいて，よりよい観光のあり方へと促すのが観光行政の役割といえる。

2）観光行政の特徴

　観光とは何かを一言で言い表すことは難しい。同じように，観光が関わる社会課題は多岐にわたる。例えば，持続可能な開発目標（SDGs）では，169のターゲットのうち3つに「観光」の文字がみられる。このターゲットが含まれるのは，目標8「働きがいも経済成長も」，12「つくる責任つかう責任」，14「海の豊かさを守ろう」の3つの目標であるが，観光が貢献できるSDGsがこの3つに限定されるかというと，そうではない。目標2「飢餓をゼロに」は，観光地の食や飲食料品の生産，アグリツーリズムに関係し，目標5「ジェンダー平等を実現しよう」は，観光産業で働く女性の雇用や働き方の課題に関係している。このようにみていくと，観光はSDGsの17の目標すべてに関係していることがわかる。言い換えると，SDGsに代表されるような社会課題の解決に対して，観光はあらゆる側面で貢献できる可能性があるということになる。

　つまり，観光行政は社会課題のあらゆる側面に貢献しようとする姿勢が求められることを意味している。観光行政を理解するうえで重要なポイントは，①タテの広がり，②ヨコの広がりを捉えることであるといえよう。

（2）観光行政のタテの広がり

1）グローカルに考えよう

　観光は観光者が観光地を訪れることから始まる。そのため観光地の賑わいをどのように創出するか，どのように観光地を計画し，観光地を経営していくかといったローカルなスケールで考えることが大切である。観光地に関わる観光行政は地方公共団体（都道府県や市区町村）であり，関連する組織に観光協会，観光地域づくり法人（DMO）が挙げられる。

106

2 観光行政

　それら各地域の観光行政を取りまとめる存在が，国家レベルの観光行政である。日本では国土交通省の外局として観光庁が設置されている。観光庁が所管する組織に独立行政法人国際観光振興機構（通称：日本政府観光局，JNTO：Japan National Tourism Organization）がある。また，関連する組織に公益社団法人日本観光振興協会，一般社団法人日本旅行業協会などが挙げられる。

　さらに，世界の国々を俯瞰するグローバルなスケールで捉えることも重要である。国際連合（国連）の機関である国連世界観光機関（UN Tourism）は世界規模の観光行政機関と位置づけられる。関連する組織には，持続可能な開発の基準を定め，管理する国際非営利団体グローバル・サステナブル・ツーリズム協議会（GSTC）や，観光関連事業者の国際組織世界旅行ツーリズム協議会（WTTC）が挙げられる。

　このように，グローバルに（グローバルに，かつローカルに）考えることが，観光行政のタテの広がりを捉えることになる。ここでは主要な行政機関として，観光庁，日本政府観光局，UN Tourism の 3 つを紹介する。

２）ローカルな観光行政

　2006（平成 18）年に制定された観光立国推進基本法の前文には，「地域において国際競争力の高い魅力ある観光地を形成するとともに，観光産業の国際競争力の強化及び観光の振興に寄与する人材の育成，国際観光の振興を図ること等により，観光立国を実現することは，21 世紀の我が国経済社会の発展のために不可欠な重要課題である」と記されている。この観光立国の実現に向けた施策を推進するために 2008（平成 20）年 10 月に発足したのが，国土交通省の外局である観光庁である。その効果として，当時の『平成 21 年版 観光白書』には次の 3 点が掲げられている。

　第一に，国を挙げて観光立国に取り組むという我が国の姿勢を対外的に明確に示すとともに，観光交流拡大のための取組等についての諸外国との協議を効果的に進められるようになったことである。

　第二に，観光庁が独立した行政機関になることで，観光庁長官を中心に強力なリーダーシップを発揮し，観光に関連する施策についての他省庁との連携・調整を円滑に行うとともに，縦割りを排し，政府を挙げた取組を強化したことである。

　第三に，観光に関する政府の窓口を明確かつ，一本化したことで，観光地域づくりに取り組む意欲のある方々に対して適切な支援施策の提案・調整を行うコンサルティング機能の向上を目指す体制が整備されたことである。

　観光庁の設立は，観光が国内外で主要な議題として認識され，観光立国を推進する明確なプラットフォームが必要不可欠となったことを示している。

　現在の観光庁がどのような施策に取り組んでいるのかを理解する方法の一つは，観光庁の組織図を確認することである（図 10-4）。観光庁は，政策の立案を行う観光戦略課，観光産業の改善や連携による観光振興を担当する観光産業課，国際観光を促進する国際観光課，観光地の振興に取り組む観光地域振興課，そして観光資源の保護や人材育成に取り組む観光資

第10章　観光政策と観光行政

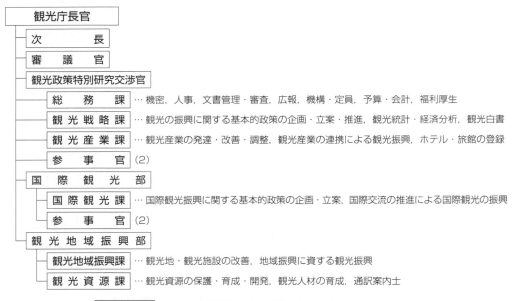

図10-4　国土交通省観光庁組織図（2024年3月22日現在）
出典）観光庁ウェブサイト「組織・体制」

源課といった部署に分かれている。

　観光立国推進基本法に基づいて毎年発行される『観光白書』には，前年度の観光動向や講じた施策，その年度に講じようとしている施策が豊富な事例やデータとともに掲載されている。日本の観光行政だけでなく，観光全体のトレンドを理解するためにも有用な情報を得ることができるので必読である。

　もう一つ重要な組織がある。それは独立行政法人国際観光振興機構である。通称の日本政府観光局や，JNTOと英語略称表記されることが多い。訪日旅行客（インバウンド）の誘致のための専門機関で，訪日市場の分析，プロモーション，受入環境の整備，MICEの誘致といった事業に取り組んでいる。JNTOは世界の主要都市（欧米豪，アジアなど）に海外事務所をもち，そのネットワークを活かしてプロモーション活動等を行っている。その一方で日本の各地域と連携してインバウンド誘致のためのノウハウを提供し，情報発信を支援している。まさにグローカルな取り組みを実践している機関である。

　JNTOの取り組みの一端を知るには，JNTOのYouTubeチャンネルが参考になる。多様多種な動画が多言語で制作され，発信されている。また，FacebookやInstagram等，各市場に即したSNSを通じてインバウンド誘致につながる情報発信を行っている。併せて確認するとよい。インバウンドや海外市場に向けてどのように日本の魅力が発信されているか，どのようなプロモーション活動が行われているかを確認することができる。

　3）グローバルな観光行政

　毎年9月27日は，国連が定めた「世界観光の日」である。これは1970年同日に世界観光機関（WTO：World Tourism Organization）の定款が採択されたことによる。これにより，観光

分野における国際協力の促進を目的に 1925 年に設立された前身の公的旅行機関国際同盟（IUOTO：International Union of Official Travel Organizations）は，1975 年に改組されて WTO となった。2003 年には国連の専門機関の一つとなり，UN を冠して国連世界観光機関（UNWTO）と呼ばれるようになる。そして 2024 年，UNWTO から UN Tourism へとリブランディングが行われた。

UN Tourism は，リスポンシブル・ツーリズム（責任ある観光），サステナブル・ツーリズム（持続可能な観光），そしてユニバーサル・アクセシブル・ツーリズム（誰もが気兼ねなく参加できる旅行）の促進を責務とする国連機関であり，次の 6 つの重点事項を掲げている。

① 観光を国際的な主要議題に　観光を経済成長や社会的発展の推進力として捉え，国内外の政策において観光を優先事項に位置づけ，観光セクターが発展し繁栄するための公平な競争環境を整える必要性を主張する。

② 持続可能な観光の促進　持続可能な観光を実現するための政策や実践を支援する。これらの政策は環境資源を最適に活用し，観光地の地域コミュニティの社会文化的な真正性を尊重し，すべての人々に社会経済的な利益をもたらすことをめざす。

③ 知識，教育，能力開発の促進　各国が自国の教育と訓練のニーズを評価し，対処できるよう支援するとともに，知識の創造と交流のためのネットワークを提供する。

④ 観光の競争力の向上　知識の創造と交流，人材開発，そして政策立案や，統計，市場動向，持続可能な観光の開発，マーケティングとプロモーション，商品開発，危機管理などの分野における卓越性を促進することにより UN Tourism の会員の競争力を向上させる。

⑤ 貧困削減と持続可能な開発への観光の貢献度の拡大　観光を開発の手段として活用し，観光を開発の議論に取り込むことで，貧困削減と SDGs 達成に向けて観光の貢献度を最大限に高める。

⑥ パートナーシップの構築　民間部門，地域や地方の観光組織，学術機関や研究機関，市民社会，そして国連システムと連携し，より持続可能で責任ある，競争力のある観光セクターを実現する。

このように UN Tourism では，観光は重要な議題であると強調し，持続可能な観光を実現するためにパートナーシップを構築することが大切だと訴えている。この UN Tourism の取り組みは，国連世界観光機関駐日事務所の web サイトや，毎年発行されている『International Tourism Highlights』（UN Tourism の eLibrary に英語版，日本語版が公開されている）から情報を得ることができるので，定期的にチェックするとよい。

（3）観光行政のヨコの広がりとパートナーシップ

観光庁は国土交通省の外局である。国土交通省は観光のほかに，都市開発，まちづくり，鉄道や航空といった交通を所管しているため，ここに観光庁があるのは必然である。しかし，観光のさまざまな側面を考えると，国際観光は外務省，歴史的な街並みなど地域の観光資源は文部科学省と文化庁，観光産業は経済産業省，地域の食は農林水産省，エコツーリズムは

第10章　観光政策と観光行政

環境省というように，国土交通省の範囲だけでなく，他省庁とも連携・調整しながら観光行政を進めていく必要性があることが容易に想像できる。

地域においても同様である。旅行業や宿泊業といった観光業だけが観光地をつくりだしているのではない。農業や工業といった地域の生業，その地域の風土や暮らし方など，多くの要素が重なり合って，観光地の魅力をつくりだしている。観光業だけではなく，地域のさまざまな産業や，地域住民が連携することによって，よりよい観光地の実現につながる。

したがって観光行政に求められるのは，そのようなさまざまな関係者を橋渡しし，パートナーシップを構築して，よりよい観光のあり方へと促すことだといえるだろう。

🌐 章のまとめ課題

❶　観光政策はどのように具体的な施策として講じられるかについて考えてみよう。

❷　あなたが思う「わが国における理想的な観光政策」とは何かについて考えてみよう。

❸　最新の『観光白書』を読み，どのような観光政策がどのように実現されているのか，そこに誰が関わっているのか，具体的な事例を抜き出して整理してみよう。

第11章 ユニバーサルツーリズム

ポイント
- ユニバーサルツーリズムとは，障がい者や高齢者だけでなく，乳幼児連れの人，妊娠中の人など旅行や移動に制約のある人も含んだ観光のユニバーサルデザイン化を意味する。
- ユニバーサルデザインとは，障がいの有無，年齢，性別，人種等にかかわらず多様な人々が利用しやすいよう製品や環境をデザインする考え方であることを理解する。
- 障がいの社会モデルとは，障がい者が日常・社会生活で受ける制限は，社会におけるさまざまな障壁と相対することによって生じるものという考え方である。

1 ユニバーサルツーリズム

(1) ユニバーサルツーリズムとは

　日本では，元来，障がい者や高齢者を対象とした旅行は，バリアフリーツーリズムと呼ばれていた。現在では，乳幼児連れの人，妊娠中の人など，移動や旅行に制約のある人も含んだ観光のユニバーサルデザイン化が，ユニバーサルツーリズムとして定着している。海外ではアクセシブルツーリズムやインクルーシブツーリズムとも呼ばれている。

　2006（平成18）年に成立，2007（平成19）年施行の観光立国推進基本法では，「国は，観光旅行者の利便の増進を図るため，高齢者，障害者，外国人その他特に配慮を要する観光旅行者が円滑に利用できる旅行関連施設及び公共施設の整備及びこれらの利便性の向上，情報通信技術を活用した観光に関する情報の提供等に必要な施策を講ずる」（第21条）と規定されている。これに基づき，2007年に閣議決定した観光立国推進基本計画のなかで，観光旅行の促進のための環境の整備の一つとして，「移動制約者等の旅行の機会を拡大するためには，（中略）ユニバーサルデザインに配慮した旅行商品・旅行システムの開発及び観光地のユニバーサルデザイン化を促進するための施策を推進する」と言及した。そして，観光庁は2011（平成23）年度から，国内旅行市場におけるユニバーサルツーリズム促進事業を開始した。2021（令和3）年度には，バリアフリー対応や情報発信に積極的に取り組む姿勢のある観光施設を対象とした「観光施設における心のバリアフリー認定制度」が始まった。

　ユニバーサルツーリズムの実施には，観光地や観光施設等に対策を施すハード面と，利用者への情報発信，接遇や従業員の教育などのソフト面の，両面での整備が必要となる。

111

第11章　ユニバーサルツーリズム

（2）多様な旅行者

　私たちの暮らす社会において、外見や性格、価値観、能力は人それぞれ違い、年齢や性別、国籍、仕事、宗教、教育、環境などもさまざまであるのと同様に、旅行者は多様である。障がいがあるといっても、障がいがあることが外見からはわからない人もいるため、心身の特性の違いや個人差などによって困りごとは異なり、さらには、状況によっても困りごとは変化する。それぞれの障がいの特性や、障がいのある人のことを理解して、その人の目線になって周りを見ることが重要である。旅行や移動に際し制約のある人の特性としては、動くことが困難、見ることが困難、聞くことが困難、伝えること・理解することが困難と分けられ、困難が二重三重の人もいる（図11-1）。

図11-1　移動に関わるさまざまな制約
出典）交通エコロジー・モビリティ財団ウェブサイト

　移動や旅行に際し制約のある人としては、主には以下のような人が挙げられる。

障がいのある人
※肢体不自由者（車椅子使用者、介助犬使用者）、視覚障がい者（盲導犬使用者）、
　聴覚障がい者および言語障がい者（聴導犬利用者）、内部障がい者、発達障がい者、
　知的障がい者、精神障がい者
高齢者　　妊娠中の人　　乳幼児連れの人（ベビーカー使用者）　　けがをしている人
外国人　　慢性疾患や難病のある人　　ぜんそく、アレルギー、呼吸器系過敏症のある人
宗教上・健康上・趣向上食事制限がある人　　不案内な人　　大きな荷物をもった人

（3）ユニバーサルツーリズムの取り組み理由

　世界保健機関（WHO：World Health Organization）によると、2023年現在、世界の人口の16％にあたる13億人に何らかの障がいがあると推定している。また、世界の平均寿命も伸び、先進国だけでなく、発展途上国においても高齢化が急速に進展しており、2060年には世界人口に占める65歳以上の高齢者の割合は18％まで上昇すると予測されている。

　日本は、世界でも高水準な高齢社会であり、今後さらに高齢化が続くと予測がなされる。国内人口は2008（平成20）年の1億2,808万人をピークに減少に転じ、旅行者に占める高齢

者の比重は，今後さらに高まることが想定される。ユニバーサルツーリズムの主な対象となる高齢者や障がいのある人の割合は，国内人口の30％以上を占め，家族や友人などと旅行することを考えると，マーケットはさらに拡大することが予想される。また，潜在的に発達障がいの特性がある人は人口の10％程度とされ，障害者手帳を有していなくても支援が必要な人も多く潜在するため，観光のユニバーサルデザイン化が必須であるということがわかる。こうした状況のなか，誰もが旅行を楽しむことができるユニバーサルツーリズムの実現のためには，高齢者や障がい者のみならず，妊娠中の人や乳幼児連れの人，言葉や習慣の違いによる不自由さを抱える外国人等，旅行するうえで何らかの制約があるあらゆる人たちを想定し，個別の事情に配慮したきめ細かいサービスの提供が必要となる。

年齢，障がいの有無等にかかわらず，誰もが旅行を楽しむことができるユニバーサルツーリズムの実現に向けて，観光業界の役割が極めて重要となってくる。

(4) ユニバーサルツーリズムの効果

障がいのある人の社会参加への対応が社会全般に求められており，観光においても，ハード面では国内外から高齢者や障がい者等の受入環境を整備し，同時にソフト面でも接遇を向上させる必要がある。観光庁は，地域や観光事業者にとって，ユニバーサルツーリズムに取り組むことで，少なくとも2つの効果が期待できると言及している（表11-1）。

表11-1　ユニバーサルツーリズムに期待される2つの効果

安心した受入	ユニバーサルツーリズムを促進することにより，配慮が必要な旅行者を安心して受け入れることができるようになる。
新たな観光需要の創出	受動的な対応から一歩踏み出し，配慮の必要な旅行者に観光・旅行を楽しんでもらうための多様な取り組みを実施するとともに，積極的に情報発信を図ることで，新たな地域観光需要を生み出すことができる。

（筆者作成）

(5) 日本におけるユニバーサルツーリズム

観光庁は，ユニバーサルツーリズムを，「すべての人が楽しめるよう創られた旅行であり，高齢や障がい等の有無にかかわらず，誰もが気兼ねなく参加できる旅行」と定義づけている。このユニバーサルという言葉は，ユニバーサルデザインが語源となっており，ユニバーサルデザイン化したツーリズムをユニバーサルツーリズムと呼んでいる。

東京都では，「障害者や高齢者など，移動やコミュニケーションにおける困難さに直面する人々のニーズに応えながら，誰もが旅を楽しめることを目指す取り組み」として，アクセシブルツーリズムを提唱している。

兵庫県では，2023（令和5）年4月に全国で初めて，「高齢者，障害者等が円滑に旅行することができる環境の整備に関する条例（通称：ユニバーサルツーリズム推進条例）」を施行した。「移動又は宿泊に困難を伴う高齢者，障害者等も，安全で快適な旅行を楽しむとともに，希

第11章　ユニバーサルツーリズム

望する目的地，交通手段，施設，体験活動等を自由に選択することができる環境を整備する」
ことを喫緊の課題としている。

（6）海外のアクセシブルツーリズム

1）国連世界観光機関（UN Tourism）のアクセシブルツーリズム

　国連世界観光機関は，「すべての人がアクセスできる旅行」を，「社会的基盤として定着し
た枠組みとして，障がい者が物理的環境，交通システム，情報通信網，および広範な公共施
設や公共サービスを利用できるようにするためのもの」[1]と勧告している。2014 年に第 1 回
UNWTO（国連世界観光機関の旧略称）アクセシブルツーリズム会議が開催され，アクセシブ
ルツーリズムを経済的，社会的，文化的成長の機会とみなした。

　2015 年に発行された『Manual on Accessible Tourism for All — Public-Private Partner-
ships and Good Practices —』では，「観光のアクセシビリティは観光のバリューチェーン
の一部であり，アクセシブルツーリズムは企業の社会的責任（CSR：Corporate Social Respon-
sibility）ではなく，社会的課題の解決と企業の競争力向上の両立（CSV：Creating Shared Val-
ue）として捉え，アクセシブルツーリズムを成長力のある重要なマーケットとして認識しな
ければならない」と明記がなされた。

　2023 年，第 2 回アクセシブルツーリズム会議が開催され，障がい者の包摂とすべての人
のための観光を促進するため，持続可能な開発のための国連 2030 アジェンダの目標を反映
した「サンマリノ・アクセシブルツーリズム 2030・アクション・アジェンダ」を発表した。
アジェンダのなかでは，官民すべての観光関係者において，観光アクセシブルツーリズムの
社会的・経済的な利点についての意識改革，ユニバーサルデザインと国際基準の適用，アク
セシビリティ改善の優先，アントレプレナーシップとビジネスエコシステムの奨励，障がい
者の雇用促進について明示した。

2）アメリカにおける取り組み

　アメリカのアクセシブルツーリズムは，障がいの有無にかかわらず，すべての人が自由に
旅行を楽しめるようにするための取り組みである。障がい者に対する差別を禁止し，国や地
域社会の活動への全面的な参加を可能とした「障害をもつアメリカ人法（The Americans
with Disabilities Act：ADA 法）」（1990 年施行）が施行され，公共空間，宿泊施設や観光地など
の施設，公共交通機関はすべての人が利用できるように義務付けられた。

　ADA 法は，アメリカにおける最も包括的な公民権法の一つであり，日常生活での障がい
者に対する差別を禁止するアメリカ連邦法である。ADA 法は，他の公民権法が人種，肌の色，
性別，国籍，年齢，宗教に基づく差別を禁止するのと同様に，障がいに基づく差別を禁止し，
障がい者の雇用機会，商品やサービスの購入，州や地方政府のプログラムへの参加など機会
均等を保障するものである。

　また，観光政策評議会（TPC：Tourism Policy Council）は，「国内旅行と観光戦略 2022」に
おいて，アメリカの旅行・観光の競争力向上とともに，経済成長，雇用創出，自然資源保護，
持続可能性の向上などの多面的な効果をもたらす戦略の一つとして，多様で包摂的なアクセ

シブルツーリズムの重要性を説いた。

3）欧州連合（EU：European Union）における取り組み

欧州27か国が加盟するEUは，アクセシブルツーリズムを，「すべての人が気軽に観光体験を楽しめること」と定義し，社会的責任としてだけでなく，EU全体および各国における観光競争力を高め，地域社会の向上に資するものとしている。

2021年の持続可能な観光戦略に関する欧州議会では，経済的状況や潜在的な脆弱性に関係なく，子ども，高齢者，障がい者などすべての人が，旅行と観光サービスにアクセスできることが重要であると決議された。また，欧州障がい者カード制度の促進と併せ，アクセシブルツーリズムは，観光サプライチェーン全体での適切な相互協力によってのみ達成できるため，公共機関と民間事業者が連携した欧州のネットワークの確立の必要性が決議された。

2 ユニバーサルデザイン

（1）ユニバーサルデザインとは

ユニバーサルデザインとは，障がいの有無，年齢，性別，人種等にかかわらず多様な人々が利用しやすいよう製品や環境をデザインする考え方であり，1997年にアメリカのノースカロライナ州立大学の教授であった建築家・メイス（Ronald Mace, 1941-1998年）によって提唱され，世界中に広まった。ユニバーサルデザインには7つの原則がある（表11−2）。

（2）ユニバーサルデザインとバリアフリーの違い

ユニバーサルデザインは，設計思想の段階から誰もが利用しやすいよう，はじめから障害がないように配慮する考え方である。

表11−2　ユニバーサルデザイン7原則

原則1：公平な利用	誰もが公平に使え，市場性がなければならない。
原則2：利用の柔軟性	さまざまな人の好みや能力の範囲に対応しなければならない。
原則3：単純で直感的な操作	経験，知識，言語能力，または集中力に関係なく，誰もが理解しやすいものでなければならない。
原則4：すぐに認知できる情報	必要な情報は，周囲の状況や感知能力に関係なく，効果的に伝達するものでなければならない。
原則5：危険に対する耐性	偶発的または無意識な行動による危険や不利益が最小限に抑えられるものでなければならない。
原則6：少ない身体的負担	効率的かつ快適に，最小限の身体的負担で使用できるものでなければならない。
原則7：接近や利用しやすいサイズと空間の確保	体格，姿勢，または移動能力に関係なく，通行，動作，操作，および使用に適したサイズと空間が確保されたものでなければならない。

（筆者作成）

第11章　ユニバーサルツーリズム

また，バリアフリーとは，元々は建築用語として，道路や建築物の入口の段差などの物理的なバリア（障壁）の除去という意味で使われてきたが，現在では，障がいのある人や高齢者だけでなく，あらゆる人の社会参加を困難にしているすべての分野でのバリア（障壁）の除去という意味で用いられている。

（3）バリアとは

障がいのある人が社会の中で直面しているバリアには，大きく分けて次の4つが存在する（表11-3）。

表11-3　障がいのある人が直面するバリア

①物理的なバリア	公共交通機関，道路，建物などにおいて，利用者に移動面で困難をもたらす物理的なバリアのこと
②制度的なバリア	社会のルール，制度によって，障がいのある人が能力以前の段階で機会の均等を奪われているバリアのこと
③文化情報面でのバリア	情報の伝え方が不十分であるために，必要な情報が平等に得られないバリアのこと
④意識上のバリア	周囲からの心ない言葉，偏見や差別，無関心など，障がいのある人を受け入れないバリアのこと

（筆者作成）

（4）バリアフリー

障がい者や高齢者など多様な人への配慮がなされていない社会は，さまざまなバリアを生み出す。障がいの有無，年齢，立場にかかわらず，誰もが安心して自由に生活をするためには，交通機関，道路，建物などのハード面の物理的なバリアフリーと同時に，一人ひとりが多様な人を思いやるソフト面としての心のバリアフリーを広げていかなければならない。

1）物理的なバリアフリー

2006（平成18）年に施行された「高齢者，障害者等の移動等の円滑化の促進に関する法律」（以下，バリアフリー法）においては，バリアフリー化を総合的かつ計画的に推進するため，国，地方公共団体，施設設置管理者等が連携して，バリアフリー化が推進されてきた。移動等円滑化の促進は，高齢者，障がい者等の社会参加を促進するのみでなく，ユニバーサルデザインの考え方に基づいた，すべての利用者に利用しやすい施設および車両等の整備を通じて，誰もが生き生きと安全に暮らせる活力ある社会の維持に寄与するものである。

①　施設・駐車場・道路のバリアフリー化　2018（平成30）年には，2,000m² 以上の劇場・映画館，ホテル・旅館，博物館・美術館において，出入口，廊下，エレベーター，トイレ等のバリアフリー化が義務化された。また，ホテル・旅館の客室数の1%以上を車椅子使用者用客室として設置することや，駐車場では身体障がい者用駐車スペースの設置も義務付けられた。多数の高齢者，障がい者等の移動が通常徒歩で行われる道路では，視覚障がい者誘導ブロックの設置，歩車道段差の改善や勾配の改善が図られており，また横断歩道には，音響

機能付き信号機やエスコートゾーンが設置された。

② **交通機関における施設のバリアフリー化**　　交通機関の旅客施設においては，鉄道・バス，船舶・航空のそれぞれで施設のバリアフリー化が求められている。鉄道駅・バスターミナルの場合，1日の平均利用者数が3,000人以上，または自治体によっては1日平均利用者数が2,000人以上3,000人未満の施設が対象になる。船舶・航空では，1日の平均利用者数2,000人以上の旅客船ターミナル・航空旅客ターミナルが対象である。いずれの旅客施設もエレベーター，スロープ等による段差解消，視覚障がい者誘導用ブロック，案内設備，障がい者用トイレの整備が義務付けられ，鉄道駅にはホームドア設置が求められる。

③ **交通機関における車両のバリアフリー化**　　車両においても，鉄道車両は視覚情報および聴覚情報を提供する設備を整えることや，1列車に2か所以上の車椅子スペースを設置すること，新幹線では車椅子用フリースペースを設置すること，トイレを高齢者や障がい者等の円滑な利用に適した構造にすること，車両の連結部にはプラットホーム上の旅客の転落を防止するための措置を講ずること，乗車している号車等を文字および点字で表示することなどが実施されている。バスではノンステップバスやリフト付きバス，スロープ付きバスの導入，タクシーではユニバーサルデザイン車両の導入，船舶についてはバリアフリー客席や車椅子スペースの設置，障がい者対応トイレの設置などが挙げられる。航空機については，30席以上の航空機では，通路に面する半数以上の席の通路側に可動式のひじ掛けを設置すること，運航に関する情報の表示と音声により提供するための設備を設置することが義務づけられている。さらに，60席以上の航空機には機内用車椅子の設置，2つ以上の通路がある航空機には車椅子で使用できるトイレを1つ以上設置することが義務づけられている。

2）心のバリアフリー

① **心のバリアフリーとは**　　心のバリアフリーとは，2017（平成29）年にユニバーサルデザイン2020関係閣僚会議で決定された「ユニバーサルデザイン2020行動計画」によると，「様々な心身の特性や考え方を持つすべての人々が，相互に理解を深めようとコミュニケーションをとり，支え合うことである」と定義されている。そのためには，一人ひとりが具体的な行動を起こし，継続することが求められる。この心のバリアフリーを体現するためのポイントは，以下の3点が挙げられる。

・障がいのある人への社会的障壁を取り除くのは社会の責務であるという「障害の社会モデル」を理解すること。

・障がいのある人（およびその家族）への差別（不当な差別的取扱いおよび合理的配慮の不提供）を行わないよう徹底すること。

・自分とは異なる条件をもつ多様な他者とコミュニケーションをとる力を養い，すべての人が抱える困難や痛みを想像し共感する力を培うこと。

② **接遇とは**　　接遇とは，接客の一歩先を行くものといえる。観光庁は接遇を「お客様のニーズに“気づき”，理解と尊厳を尊重して対応すること，サービスを提供すること」[2]と定義している。障がいのある人や高齢者を含めて，移動や旅行に制約のある人にとってのバリアを取り除いていくためには，施設などのハード面の整備だけではなく，コミュニケー

第11章　ユニバーサルツーリズム

ションをとりながら，困難を理解し，何がバリアなのかを知ることが重要となる。そのためには，障がいの社会モデルを正しく理解しておくことが必要である。

3　障がいの社会モデル

(1) ユニバーサルツーリズムの基本的な考え方

　日本のユニバーサルツーリズムは，2006年に障害者の権利に関する条約（略称：障害者権利条約）が国連で採択され，障害者基本法を始めとする国内法が改正または制定されたことが契機となった。障がい者が日常・社会生活で受ける制限は，社会におけるさまざまな障壁と相対することによって生ずるものという考え方である「障害の社会モデル」が示されたことが，社会生活のみならず，観光にも大きく影響を与えた。

(2) 障害者権利条約

　障害者権利条約は，2006年に国連総会において採択され，2008年に発効した。日本は2014（平成26）年に141番目の締約国となった。この条約では，障がい者の人権および基本的自由を確保することと，障がい者の固有の尊厳の尊重を促進することを目的としている。そして，障がい者の権利の実現のため，市民的・政治的権利，教育・保健・労働・雇用の権利，社会保障，余暇活動へのアクセスなど，さまざまな分野における取り組みが求められた。また，その前文では「障害が発展する概念であることを認め，また，障害が，機能障害を有する者とこれらの者に対する態度及び環境による障壁との間の相互作用であって，これらの者が他の者との平等を基礎として社会に完全かつ効果的に参加することを妨げるものによって生ずることを認め」とあり，障がいの社会モデルの考え方が反映されている。

(3) わが国における関連法規・行動計画

　わが国では，2014年の障害者権利条約の締結にあたり障害者基本法が2011（平成23）年に改正された。改正法では，障がい者が受ける制限は機能障害のみに起因するものではなく，社会におけるさまざまな障壁と相対することによって生ずるものという「障害の社会モデル」の考え方をふまえ，障がい者の定義を見直し，「障害がある者であつて，障害及び社会的障壁により継続的に日常生活又は社会生活に相当な制限を受ける状態にあるもの」とした。

　2013（平成25）年に制定された「障害を理由とする差別の解消の推進に関する法律」（障害者差別解消法）では，障害者とは「障害及び社会的障壁により継続的に日常生活又は社会生活に相当な制限を受ける状態」の人であり，社会的障壁とは「社会における事物，制度，慣行，観念その他一切のもの」と定義している。2024（令和6）年の改正障害者差別解消法では，国・地方公共団体・事業者に対して，不当な差別的取扱いの禁止（正当な理由なく，障がいのみを理由として差別することの禁止）および国・地方公共団体の合理的配慮提供の義務（社会のなかにあるバリアを取り除くために何らかの対応を必要としているとの意思が伝えられたときに，必要かつ合理的な配慮をすること）に加え，事業者に対して合理的配慮の提供を義務化している。

3　障がいの社会モデル

　また，「ユニバーサルデザイン 2020 行動計画」でも，「障害は個人の心身機能の障害と社会的障壁の相互作用によって創り出されているものであり，社会的障壁を取り除くのは社会の責務である，という障害の社会モデルをすべての人が理解し，それを自らの意識に反映させ，具体的な行動を変えていくことで，社会全体の人々の心のあり方を変えていくことが重要である。また，この障害の社会モデルの考え方を反映させ，誰もが安全で快適に移動できるユニバーサルデザインの街づくりを強力に推進していく必要がある」と，明記されている。この行動計画を基本に，日本社会全体で「ユニバーサルな社会をつくる」ことが始まった。共生社会の実現のためには，差別意識を気づき，他者を理解し，他者を受容し，他者との共生が重要となる。そのためにも，観光でも，ハードとソフト両面において，さまざまな移動制約を抱える人が訪れやすい観光地づくりが必要となる。

🌐 章のまとめ課題

❶　ユニバーサルツーリズムの効果は何か，まとめてみよう。
❷　日本でのユニバーサルツーリズムの具体例を調べてみよう。
❸　なぜユニバーサルツーリズムが重要なのか，まとめてみよう。

第11章　ユニバーサルツーリズム

車いすが利用できるようバリアフリーにしつらえた客室（福島・土湯温泉「山水荘」）

手伝いが必要な利用客に対応できるよう，空港には車いすが常備されている（東京国際空港〔羽田空港〕）。

（画像提供：千葉千枝子・白井昭彦）

第12章　国際関係と国際観光

ポイント
- インバウンドとアウトバウンドの違いを知り，「円高」と「円安」の概念を理解しよう。
- オーバーツーリズムについて，その事例を中心に解決案を考えてみよう。
- 持続可能なツーリズムとESG観光経営は今後，ますます重要になる。新たな国際取引の基準として知っておこう。

1 国際関係と国際観光

（1）観光と国際関係

　国際関係とは，国家間に生じる政治的，経済的，社会的，文化的および軍事的な関係を意味する。それは，二国間関係から多国間関係までさまざまである。

　戦争やテロなどの争乱による国際関係の悪化は，観光に大きな影響を及ぼす。2001年のニューヨーク同時多発テロでは，発生から間もなくして，日本人観光客が全米で姿を消した。政治的な国際関係の悪化もまた，旅行の中止や延期を招き，需要回復に相当な時間を要する。「観光は平和産業である」といわれる所以である。

　天変地異や疫病も同様である。新型コロナウイルス感染症の発生前を思い出すとよい。世界は急速なグローバル化が進んだが，疫病がまん延すると人流は一斉に滞り，域内観光のマイクロツーリズムに移行したのは記憶に新しいだろう。

　2011（平成23）年の東日本大震災は，地震と巨大津波という自然災害を引き起こしたが，特に福島第一原子力発電所の事故では放射能汚染が世界を震撼させ，国際関係にも暗い影を落とした。その影響は，福島をはじめとする被災地の観光復興に遅れを生じさせた。

　第1章で述べたとおり，観光はサービスであり無形である。そのため，予測不能な理由で需要減に陥ったとき，後からその需要を取り戻すことができない。回復には相応の時間を要するのである。

　また，日本を取り巻く国際情勢は，安全保障環境が厳しさを増している。わが国は第二次世界大戦後，新憲法のもと新しい国づくりを進めてきた。日本政府は，日本国民の安全を守ることを第一に，アメリカと「日米安全保障条約」を締結して，アメリカ軍が使用する施設などを提供してきた。万一の有事に備えているのである。

　そのため，沖縄の米軍基地移転問題や航空管制をアメリカ軍が掌握する横田空域など，観光産業に影響があるだろう種々の問題を抱えている。さらに，世界の新興国や途上国の台頭によってパワーバランスが変化するなか，観光産業もさまざまな影響を受けるなど，国際関

第12章　国際関係と国際観光

係は観光に密接に関わっているのである。

（2）国際観光の意味と重要性

　広義で「国際観光」は，国境を越える各国間での観光をさす。外国人が旅行や短期商用などを目的に自国に訪れることを意味し，日本においては国際観光における旅行目的の来訪者を「訪日旅行客」，はたまた「訪日外国人旅行客」，「訪日外客」や「インバウンド」と呼んでいる。

　インバウンドは，さまざまな訪問動機をもつ。そうしたインバウンドを対象に観光ビジネスを行うことを，インバウンド・ビジネスと呼んでいる。一方で「アウトバウンド」は，自国の民の「海外旅行」を意味している。

　ちなみに，国連世界観光機関（UN Tourism）によると観光とは，「継続して1年を超えない期間で，レジャー，ビジネス，その他の目的で日常生活圏外の場所を訪れ，そこで滞在する人々の諸活動であって，旅行・滞在先で報酬を得ることを目的とする活動を除くものからなる」としている。また，国土交通省は観光立国の意義として，「世界的に文化交流の役割が高まる中，国民の国際性を高め，国際相互理解の増進を通じて，国際親善，ひいては国際平和に貢献するもの」[1] としている。

　世界には，自国の文化を諸外国に発信する手段の一つとして観光を活用する国・地域が多い。そうした側面からも，なぜ国際観光が重要なのかを考える必要がある。現代の観光は，開発とも密接につながっている。社会経済の発展において重要な推進力になっているのである。さらに国際観光は，不況などの内部経済はもちろん，外的要因（政治的な理由や戦争・争乱，新型コロナウイルス感染症などの疫病等）の影響も受けやすいという特徴がある。

2　国際観光と旅行収支

（1）国際観光が発展した背景

　国際観光の発展は，多様な交通手段の発達によるところが大きい。18世紀後半のイギリス産業革命を契機に，鉄道や船舶での大量輸送が可能になった。20世紀になると航空機の登場で，高速輸送が本格化する。ライト兄弟によって人類初の動力飛行に成功したのは1903年のこと。その後，貨物輸送を中心に民間航空機が発達を遂げた。さらに1936年，アメリカのダグラス社が開発したDC-3型機の登場で，旅客機市場が急成長したのである。

　また，家庭に電気が普及して家電が進化したことで，人々の自由時間が増大して余暇活動が活発化したことも要因である。女性の社会進出が進み，価値観にも変化がもたらされた。

　これらを背景に，世界の国際観光は大きく発展したのである。

（2）国際観光収支とインバウンド・アウトバウンド

　旅行を分類すると，自国民の自国旅行（domestic），外国人の外国旅行（overseas），外国人の自国旅行（inbound），自国民の外国旅行（outbound）の4つに大別できる。

ここで重要なのが，旅行収支である。わが国では，インバウンドの日本での消費を「収入」とし，日本人旅行者の海外での消費を「支出」とみなして，差し引いたものを旅行収支と呼んでいる。旅行収支は「貿易・サービス収支」の一部であり，国際観光収支とも呼ばれている。

国際観光収支＝収入（インバウンドの日本での消費）－支出（アウトバウンドの海外での消費）

インバウンドが旅行中に消費した額が，アウトバウンドのそれより多ければ，国際観光収支は黒字となる。その逆であれば赤字になる。

3 日本のインバウンド誘致の歴史

（1）明治時代に始まったインバウンド誘致

わが国の国際観光の歴史は古く，さかのぼること明治時代の 1893 年，外国人観光客の接遇と誘致を目的に渋沢栄一らによって設立された「喜賓会」が始まりである。喜賓会は英名を「Welcome Society」いい，その準備事務所は東京・日比谷の帝国ホテル内に置かれた。主に外貨獲得と日本の喧伝（宣伝），国際理解の促進を目的とした。喜賓会は当時，「英文日本地図」や「英文日本旅行案内書」を出版し，諸外国に存在を知らしめる役割を担った。

明治から大正へと年号が改まった 1912 年には，当時の鉄道院内に「ジャパン・ツーリスト・ビューロー」が設立され，国際観光の実施機関として中核を担うようになる。その後，喜賓会は解散した。

さらに，昭和に入って間もない 1930（昭和 5）年，鉄道省（当時）の外局として「国際観光局」が設立された。現在の日本政府観光局（JNTO・正式名称は「独立行政法人国際観光振興機構」）の前身である（詳しくは，第 10 章を参照）。

かつて国策として外客誘致をしてきた近代日本だが，戦後は連合国軍総司令部の占領下に置かれ，観光行政は新たに設立された「運輸省鉄道総局業務局観光課」（1946（昭和 21）年）が担うことになった。また，戦後の海外宣伝は，「財団法人日本交通公社（当時）」が当初，担ったが，その後の公的な活動は，国際観光局から改組を重ね，「国際観光協会」（1955（昭和 30）年），「日本観光協会」（1959（昭和 34）年改組），「国際観光振興会」（1964（昭和 39）年改組）へと受け継がれ，現在の JNTO に至っている。

（2）昭和から平成へアウトバウンド偏重からの転換

1964 年，わが国の海外渡航自由化によって国民が海外旅行に向かうようになると，アウトバウンドが逆転（1971（昭和 46）年）して，右肩上がりで海外旅行市場が成長を遂げた（詳しくは第 2 章を参照）。高度経済成長期以降，国民の所得が上がるなか余暇活動がさかんになったことを裏づける。バブル期には海外旅行が貿易摩擦解消の一助にもなったことから，政府によるインバウンド政策はほとんど行われなくなった。戦後，昭和の時代の観光政策は，アウトバウンド一辺倒であったといっても過言ではない。

時代は平成に移り，平成不況が訪れたころの 2003（平成 15）年，ビジット・ジャパン・キャ

第12章 国際関係と国際観光

ンペーンがスタートした。ビジット・ジャパン・キャンペーンとは，官民協働の訪日外国人旅行者に向けた観光促進活動をさす。1996（平成8）年の「ウェルカムプラン21（訪日観光交流倍増計画）」を礎に，「YOKOSO！JAPAN」のキャンペーンが開始された。地方の人口減少や経済力の低下により低迷が続いた国内消費を喚起し，新たな消費を生み出す成長戦略の一環としてキャンペーンが行われたのである。この計画は2010（平成22）年から「ビジット・ジャパン事業」と名称が変わった（第10章参照）。

周辺整備も進められた。例えば，訪日旅行客の満足度を高めるために1949（昭和24）年に「通訳案内業法」の制定により導入された国家資格「通訳案内士」については，2005（平成17）年，国際観光の振興に寄与することを目的に新たに「通訳案内士法」として改正・改題された。いわゆる通訳ガイド（通訳案内業）である。同法により，通訳案内士は従来の免許制から登録制へと変更された。

（3）観光立国へ向けてインバウンド隆盛の時代に

わが国では2008（平成20）年に観光庁が設立されると，日本経済の成長エンジンの一つとして観光産業が注目されるようになる。2013（平成25）年には，全閣僚が構成員となる「観光立国推進閣僚会議」が政府内に立ち上がり，同年目標のインバウンド1,000万人を初めて突破した。

また，2015（平成27）年には，インバウンドがアウトバウンドを抜いて，44年ぶりに国際観光収支が黒字に転じた。インバウンドの政府目標等については第10章で解説したとおりである。政府目標が掲げられ，宿泊施設の不足が予想されたことから，2018（平成30）年，「住宅宿泊事業法（民泊新法）」が施行された。

2019（令和元）年のインバウンドは3,188万人の史上最高値を数え，翌年に控えた「東京2020オリンピック・パラリンピック」の開催で政府目標は達成するものと目されていたところ，新型コロナウイルス感染症が世界的にまん延し，わが国もインバウンドは9割以上が減少した。だが，コロナ禍が明けた2023（令和5）年は2,506万人，旅行消費額が5兆2,923億円と従前を上回り，初めて5兆円を突破して，力強い回復力をみせた。

4 インバウンド増加の背景とオーバーツーリズム

（1）インバウンド増加の背景

日本特有のコンテンツに海外から熱い注目が集まっている。例えば，茶道，武道，着物，祭りといった伝統文化から，四季折々の美しい風景や温泉，治安のよさやおもてなしの心，アニメ文化など魅力の宝庫である。さらに，ユネスコ無形文化遺産に登録された「和食」や質の高い日本製品などに魅了される外国人も多くいる。

インバウンド増加の理由として第一に，政府の「査証（ビザ）緩和措置」が挙げられる。ビザの種類や取得条件の見直し，オンライン申請の導入でビザの取得が容易になった。それによって，より多くのインバウンドが訪れ，日本の魅力を体験することができるようになっ

た。多言語対応の案内所やアプリの提供，インバウンド向けのイベント開催やキャンペーンの展開，プレスツアーの実施などが，そうした措置政策を後押しした。

次に，格安航空会社（LCC）や新興航空会社の参入等で，航空座席の供給数が増えたことが挙げられる。2010（平成22）年以降のオープンスカイ政策で，運航路線や本数が拡充され，コロナ禍明けの回復もめざましいものがあった。また，為替もインバウンドに大きく影響する。2024（令和6）年7月，円相場は1ドル161円台と，約34年ぶりの円安ドル高水準で推移した。歴史的な円安が，インバウンドの急増に拍車をかけた。

(2) オーバーツーリズム問題

オーバーツーリズム（Over Tourism）とは，特定の観光地に訪問客が著しく増加することで，地域住民の生活や自然環境，景観等に限度を超えた悪影響をもたらし，地域関係者だけではなく，その地域を訪れる観光客の満足度も低下させてしまう状況をさす。観光客が集中する一部の地域や時間帯等によっては，過度の混雑やマナー違反による地域住民の生活，生業への悪影響，旅行者の満足度低下という懸念が生じている。

観光庁は2018（平成30）年6月，「増加する観光客のニーズと観光地の地域住民の生活環境の調和を図り，両者の共存・共生に関する対応策のあり方を総合的に検討・推進する」ことを目的に「持続可能な観光推進本部」を設置して，オーバーツーリズムの未然防止・抑制に向けた対策パッケージを用意し，総合的な支援を行ってきた。その対応として例えば，観光客が集中する地域における交通手段や観光インフラの充実，実情に応じた入域管理，異なる需要に対応した運賃設定の促進，そして空いている時間帯・時期・場所への誘導・分散化などが挙げられる。さらに，モデル地域を選定して，地方部への誘客を促進するなどしている[2]。

また，量的指標から質的な指標へと観光戦略を転換させるなどしている。

5 JNTOが展開するマーケティング戦略

日本政府観光局（JNTO）における訪日インバウンドのマーケティング戦略をみると，国・地域ごとに市場特性を反映して効果的に展開していることがわかる（表12-1）。

例えば中国市場の場合，訪日意欲を喚起するため，競合国はもとより中国の国内旅行との差別化に留意して，20～40歳代を中心にリピーターと高所得者層の早期訪日，地方誘客を促すプロモーションを実施している。北京冬季五輪を契機にスノー（雪）を目的とした海外旅行需要が拡大したことにより，スノーアクティビティと周辺観光を織り交ぜた情報を発信している[3]。韓国は成熟市場として捉え，リピーターの消費単価の向上と地方誘客の促進に，温泉やリゾート，そしてゴルフなど単価が高いコンテンツを中心にプロモーション戦略を展開している[4]。

第12章　国際関係と国際観光

表12-1　日本政府観光局の市場別マーケティング戦略の概要

ミドルホール・ショートホール	訪日経験者が多い 成熟度：高	①東アジア（中国以外） 東南アジア（シンガポール）	・リピーターへの更なる取組・航空会社との連携強化による地方誘客，消費額拡大
	未訪日・訪日経験者が混在 成熟度：中	②東アジア（中国）	・沿岸部のリピーターの取込み，内陸部の新規訪日層の開拓と地方誘客の促進 ・高所得者層の誘客強化による消費額拡大
	未訪日者が多い 成熟度：中～低	③東南アジア（シンガポール以外）	・リピーター・新規訪日層の両方を視野に入れた幅広い誘客の展開と地方誘客の促進 ・訴求力の高いコンテンツ発信による新規訪日層の開拓
ロングホール	未訪日・訪日経験者が混在 成熟度：中	④米国・オーストラリア	・リピーター・新規訪日層の両方を視野に入れた幅広い誘客の展開 ・特に市場規模の大きい米国における高所得者層の誘客強化による消費額拡大
	未訪日者が多い 成熟度：やや低	⑤欧州・カナダ	・訪日旅行無認知層の取込みによる新規訪日層の開拓 ・滞在日数が長い傾向を踏まえ，地方部の認知度向上によりゴールデンルート＋αの地方誘客を強化 ・サステナブル・ツーリズムに高い関心がある点を考慮
	未訪日者が多い 成熟度：低	⑥新たな市場（中東地域，メキシコ，北欧地域※）	・訴求力の高いコンテンツ発信による新規訪日層の開拓 ・新規事務所を拠点とした現地旅行業界との関係構築

※ 2023年度より，新たに北欧地域（スウェーデン，デンマーク，ノルウェー，フィンランド）を重点市場化。
出典）日本政府観光局：訪日マーケティング戦略, p.6, 2023

6　国際観光の発展と阻害要因

　国際観光の発展と阻害要因には，政治的要因，経済的要因，社会・文化的要因，自然的要因があり，これらは国内と海外に分けて理解する必要がある。

（1）政治的要因
1）国内の政治的要因

　国内の政治的要因は政治理念，法と制度的要因，政治と治安の安全・安心，社会福祉の水準，出入国手続きの簡素化など多様な要因がある。

　訪問しようとする国の政治理念が友好的で開放政策を実行すれば，国際観光にはよい影響を与える。例えば，1978年以降の中国の「門戸開放政策」と1989年の韓国の「海外旅行の自由化」がある。次に，法と制度的要因として，国と地方政府が観光産業に対する外国人投資を開放し，法的に保障する場合，国際観光の発展要因となる。さらに治安のよさ，安心・安全が挙げられる。

2）海外の政治要因

　海外の政治的要因としては，国際的な平和維持，国家間の政治的な協力関係，国家間にお

6　国際観光の発展と阻害要因

ける観光部門の協力関係，航空運送に関する協定などがある。

　まず，国際的な平和維持は，国際観光客の増加と観光産業の発展に寄与する。戦争やテロなどで国際秩序が崩壊すれば，国際観光の需要は当然ながら減少する。そして，国家間の政治的な関係は国際観光において，ときには発展要因に，ときには阻害要因になる。

（2）経済的要因

1）国内の経済的要因

　国内の経済的要因には，当該国の経済発展の指標である可処分所得や消費構造と密接な関連がある。可処分所得の増加は，観光ニーズの増加とともに，観光活動が行われる空間的範囲が国境を越えて行われる可能性をもつ。

2）海外の経済的要因

　海外の経済的要因として，世界経済の動向や物価水準，為替などが挙げられる。まず，世界経済の動向の場合，景気が悪化すると観光客は購買心理が萎え，可処分所得が減少するため，国際観光は低迷する。逆に，景気がよくなれば国際観光の需要は増す。次に，国家間の物価水準の場合，観光財は一般消費財より需要の価格弾力性が大きいため，国際観光客の観光目的地選択において，当地の物価水準が需要に大きな影響を及ぼす。そして，為替の変動もまた，需要に大きな影響を及ぼす。

（3）社会・文化的要因

1）国内の社会・文化的要因

　国内の社会・文化的要因としては，IT 水準，交通手段の発達程度，教育水準などが挙げられる。ビッグデータや AI，宇宙工学など IT 分野の発展は，観光情報の収集や予約行為等を容易にした。観光行動に伴う制約要因を減少させることによって，観光目的地に対する接近性と魅力を向上させている。また，海外情報を迅速で正確に収集ないしは供与できるため，国際観光の発展要因になる。加えて，学生などの海外研修機会が増えるなど，教育の面でも発展要因として作用する。

2）海外の社会・文化的要因

　海外の社会・文化的要因としては，国際的な文化交流と国家間の交通の便の向上が挙げられる。

　まず，国際的な文化交流の増大と文化の開放化は発展要因になり得る。閉鎖主義による文化交流の停滞は，当然ながら国際観光の阻害要因になる。次に，国際観光における交通網の拡充や利便性向上は，観光の質を担保し，良好なイメージ形成に寄与する。

（4）自然的要因

　自然系の観光資源において，保存・保全の程度や開発の状況は，観光地としての魅力を決定させるといえよう。観光地開発は，新たな需要を創出して観光地の魅力を高めることができるが，環境保護や保存・保全次第では，かえってその魅力を失うことにもなる。

第12章　国際関係と国際観光

7 持続可能な観光と ESG 観光経営

「持続可能な観光」とは，「環境資源を最適に活用し，天然資源と生物多様性を保全し，ホスト・コミュニティ（host community）の社会・文化的真正性を尊重し，安定した雇用と貧困削減への貢献を含め，長期的に持続可能な経済運営を確保する」と，国連世界観光機関（UN Tourism）は定義する。ホスト・コミュニティとは，移住者が来る以前から，その地域に住んでいた人々や，彼らが生活する地域を意味する。持続可能な観光を，サステナブル・ツーリズム（sustainable tourism）と呼び，1990年代初頭から世界的に注目されるようになった。

今後，特に観光経営において注目したいのは，ESG である。

ESG とは，企業における財務的要素とは別の，非財務的要素を重視する経営理念を意味する。非財務的要素には，環境（environment），社会（social），ガバナンス（governance）がある。企業が，経済的価値と社会的価値を同時に追求することで，持続可能性を担保できるという意味合いをもつ。ESG とは，これらの頭文字をとった造語である。ちなみにガバナンスとは，「統治・支配・管理」を意味する。

さらにわかりやすく解説すると，環境にやさしく，社会的責任をもって，健全なガバナンスがあってこそ，持続可能な発展が可能になることを示唆している。

ESG 経営が重要視されるようになった背景に，2006年4月に国連が公表した「PRI（principles for responsible investment：責任投資原則）」がある。PRI は，機関投資家の投資の意志決定プロセスや投資方針の決定に ESG の課題を組み込み，長期的な投資成果を向上させることを目的としている。機関投資家には，ESG に関して責任ある投資行動をとることが求められたのである。地球温暖化などの環境問題や人種差別，人権問題なども ESG には含まれる。

このように，国際間の資本投資や開発，関連商品の取引などでの新基準となりつつある ESG は，観光経営においても今後，ますます重要になるであろう。ESG 観光経営とは，「観光産業における ESG に配慮し，持続可能かつ倫理的に観光産業を運営しようとする経営方針」と定義できる。前述したように ESG は，企業の財務成果だけでなく，企業が社会的責任を果たし，持続可能な経営を実践できる能力を評価する指標であるため，避けては通れないのである。

🌐 章のまとめ課題

❶ インバウンドとアウトバウンドの定義を理解したうえで，「円高」と「円安」の2つのケースに分けて説明してみよう。

❷ オーバーツーリズム問題の事例を挙げながらその解決案を調べてみよう。

❸ 持続可能なツーリズムとして ESG 観光経営とは何か，その事例を調べてみよう。

終章 新たな観光の潮流と人材育成

ポイント
- 観光ビジネスが外縁を広げている。アジア大交流時代やニューツーリズムについて整理をしよう。
- 観光経営を，ミクロとマクロの視点から考えてみよう。
- 求められる観光マネジメント人材について自分なりの考えをもとう。

1 アジア大交流時代とニューツーリズム

（1）観光ビッグバンとアジア大交流時代

　経済成長著しいアジアを中心に近い将来，「観光ビッグバン」が到来するとの予測を，現在の国連世界観光機関（UN Tourism）が発表したのは21世紀に入ってからすぐのことである。宇宙的爆発を意味するビッグバンの言葉のとおり，人口が多いアジア圏の人たちがライフスタイルのなかに海外旅行を取り入れるようになった。それまでの主役だった欧米人にかわり，特に人口が多い中国・インド・インドネシア，さらには東アジア・東南アジアの人たちが国際観光の新たな主役に躍り出たのである。

　こうした状況は，15世紀半ばから17世紀にかけてヨーロッパ人が新大陸をめざした大航海時代になぞらえて，「アジア大交流時代」と呼ばれるようになった。世界全体の外国旅客到着数は，2005年時点で約8億人であったものが，2020年には16億人に倍増するとの予測がなされた。それを受け，航空機メーカーでは新造受注が急増し，新興の航空会社やLCCがアジア域内を活発に飛び回るようになったのである。

　だが，2019年暮れに中国・武漢で発生した新型コロナウイルス感染症の世界的まん延で，4年近くもの間，人流が止まったのは記憶に新しいだろう。それまで加速が続いたグローバリゼーションの波が，いったん停止したのである。

　コロナ禍が明けると，国内外の観光は力強い回復をみせた。しかしながら観光の現場では，深刻な人手不足に陥り，新たな人材の獲得が急務となった。

（2）ニューツーリズムとこれからの日本の観光

　わが国において「ニューツーリズム」が注目され始めたのは，2010（平成22）年元旦の日本経済新聞朝刊に新年のキーワードとして掲載されたころからである。ニューツーリズムとは，旅先でしかできない体験や，地元の人たちとの交流を重視した，新しい旅のカタチの総称である。

　具体例を挙げると理解も早いだろう。例えば，映画やドラマ，アニメのロケ地や聖地を巡

るアニメツーリズムやスクリーンツーリズム，医療が目的のメディカルツーリズム，工場萌えや大人の社会科見学という流行語も生んだ産業観光，国際会議や国際見本市・イベントなどを総称するMICE（マイス），長期滞在型観光（ロングステイ），市民参加型マラソンに代表されるスポーツツーリズムや伝統舞踊や祭事が対象の文化観光，フードツーリズムやエコツーリズムなど多岐にわたる。

これらニューツーリズムの創出は，2013（平成25）年の政策「アベノミクス第三の矢・成長戦略」にも掲げられた。着地型旅行商品の造成が進み，発地ではなく地域の側が主体となって地域の観光資源を磨き上げる向きが加速した。点在した観光対象は線で結ばれ，さらに面へと拡がりをみせるなど，自治体の境界線を超えた広域観光が進められるようになった。

世界の先進事例を紐解くとわかりやすい。ドイツのロマンチック街道は，もとから歴史的に存在した街道ではない。1980年代，ドイツ観光局が観光促進を目的に観光街道として商品化したもので，多くの日本人観光客が押し寄せた。日本では，立山黒部アルペンルート（富山県〜長野県）を事例に挙げることができる。

とりわけインターネットの発達で，個人がさまざまな情報を瞬時に収集しやすい状況から，これからの日本の観光は，地域の側が主体となって観光振興を行い，情報発信をしていくことが重要といえよう。

2 ミクロとマクロの視点で観光経営を考える

ミクロ（micro，マイクロともいう）とは，「小さい，微細な」を意味する。コロナ禍では，疫病の流行を抑えるため最小域内での移動を推奨したマイクロツーリズムという造語も生まれた。また，マクロ（macro）とは「大きい，巨大な」を意味する。ものごとを大局的に捉えるときに，マクロという言葉がよく用いられる。

経済学の基礎にミクロ経済，マクロ経済という考え方がある。ミクロ経済は消費者個人や生産者，企業など小さな単位での経済活動に焦点を当てている。一方でマクロ経済は，国や地域など大きな単位における経済成長や景気循環などのメカニズムが対象になる。

観光経営においても，ミクロ的な視点とマクロ的な視点の両面から考察していく必要がある。順番としては，まずはマクロな視点で考えて，その内容をふまえてミクロの視点で考察をしていくのが正攻法といえる。わかりやすく，その展開例を次に掲げる。

【マクロからミクロへのシナリオ（展開例）】
　政府は，観光立国推進基本計画に基づき，訪日外国人客（インバウンド）の目標値を具体的に掲げた。それは旅行者数のみならず，旅行消費額や地方部の宿泊日数などが目標値として数値化された。査証緩和や航空路線の拡充が，政策的に行われることが予想される。
　それを受けて自治体は，地方空港の利活用を目的に，チャーター便の誘致や定期便の拡充などを支援して，さまざまな施策を講じることにした。

受け入れる地域においては，宿泊施設数，すなわち総客室数が少なければ，地域を通り越して他府県にインバウンドが流れてしまう危惧がある。採算が取れると見込んだ地元の投資家や開発業者は，立地がよい不動産を探して新規開業の検討に入る。続いて，運営会社の選定や開業に向けた人材の確保が進められ，受け入れ態勢が整い始める。

　一方で既存の宿泊施設は，ライバル企業の新規参入によって，これまで盤石だった経営が脅かされることも想定される。そこで，古くなった客室やフロントをリノベーションして顧客満足度を高め，独自のサービスや新たな特典で付加価値を高めて対抗措置を講ずる。

　こうしたことで地域全体の受入許容量（キャパシティ）が増えることから，周辺の観光施設や飲食店も賑わいを増すことが予想され，さらなる投資が進む。関連企業は雇用を促進し，売上に応じて従業員の賃金を上げるなどの経営努力を行い，それと同時に人材の確保を目的に福利厚生も充実させるなど整備が進む。従業員個々人の家計消費が改善し，暮らしが潤い，個人消費が促される。

　マクロからミクロへと経済活動が展開することで，経済の好循環がもたらされる。これは絵に描いた餅ではなく，ミクロとマクロの視点で観光経営を考える確かな事例である。

3　求められる観光マネジメント人材像とは

　観光庁は観光人材政策として，①観光産業をリードするトップレベルの経営人材，②観光の中核を担う人材，③即戦力となる地域の実践的な観光人材，という3層構造による観光の担い手づくり支援を行ってきた。従前には，観光経営マネジメント人材の育成を掲げてきたが，ポストコロナにおいては深刻な人手不足や持続可能性の追求から，観光産業人材および観光地経営人材という2つの柱で人材育成を進めている。

　観光庁が掲げる観光産業人材とは，個々のビジネスの経営を担う高付加価値で持続可能な観光産業の実現に寄与する人材を意味する。観光地経営人材は，「観光地経営人材は，観光地の再生・高付加価値化を進め，持続可能な地域づくりを牽引する人材」と定義している。具体的に求められる知識や技能は，次頁の表1の通りである。

　より持続可能な観光の実現に向けて，これら観光人材育成のためのガイドラインも示された。また，2022（令和4）年度からは全国の高等学校・商業科において，新たに観光ビジネス科目の導入が図られるようになった。初等中等教育においても観光教育の重要性は増している。

終　章　新たな観光の潮流と人材育成

表1　観光庁の「観光人材政策」で求められる知識・技能

観光産業人材	地域経営人材
観光事業戦略 経営学・経営戦略に関する理解をもとに，事業環境の変化等も踏まえながら，ブランディング戦略を含む，付加価値を高める観光事業の戦略の企画立案を行うことについての知識・技能	**観光地経営戦略** 地域の特性，課題等を踏まえた，ブランディング戦略を含む観光地経営戦略策定についての知識・技能
現代の観光動向 グローバルな視点も含め，観光産業を取り巻く状況を客観視し，今後の事業のあり方をどのように実現していくべきかを見定めるのに必要な知識・技能	**現代の観光地経営の動向** グローバルな視点も含め，地域を取り巻く状況を客観視し，今後の観光地経営をどのように舵取りしていくべきかを見定めるのに必要な知識・技能
組織マネジメント 事業を遂行する上での組織的なパフォーマンス向上，人材マネジメント及び創造的な働き方に関する知識を含めた組織運営，優秀な人材確保，危機管理を行うことについての知識・技能	**観光地経営組織マネジメント** リーダーシップやファシリテーション技法とともに，目標を設定し，関係者を巻き込みながら課題解決に当たり，着実に成果を出していく手法についての知識・技能
アカウンティング・ファイナンス 会計ルールに関する基本的事項，財務諸表による観光サービス事業の経営分析，財務計画立案についての知識・技能	**観光地マーケティング** データ・統計分析に基づき，地域の観光コンテンツ開発，プロモーション等を効果的に行うマーケティング手法についての知識・技能
観光マーケティング データ・統計分析に基づき，商品開発，プロモーション等を効果的に行うマーケティング手法の知識・技能	**地域観光のイノベーションと観光DX** 観光地における価値創出，消費者の嗜好変化への対応等のためのデザイン思考及び観光DXについての知識・技能
観光産業のイノベーションと観光DX 観光産業における価値創出，消費者の嗜好変化への対応等のためのデザイン思考及び観光DXについての知識・技能	**観光地経営組織マネジメント** 観光地における価値創出等の実現に向けた上記の知識・技能を踏まえた総合実践力

出典）観光庁：観光庁人材育成事業webサイト「観光庁がすすめる観光人材育成」より筆者作成
（https://www.mlit.go.jp/kankocho/seisaku_seido/kihonkeikaku/jizoku_kankochi/kankojinzai/ninaitekakuho/）

章のまとめ課題

❶　「観光ビッグバン」について具体的に説明してみよう。

❷　ニューツーリズムの実際例を調べ，具体的に挙げてみよう。

❸　求められる観光マネジメント人材像で必要と考えられる資格や検定を列記してみよう。

引用・参考文献一覧

【序　章】
＜参考文献＞
・岡本伸之編：観光学入門―ポスト・マス・ツーリズムの観光学―，有斐閣，2001
・溝尾良隆：観光学―基本と実践―，古今書院，2006
・千葉千枝子：観光学基礎〔第5版〕，JTB総合研究所，2014

【第1章】
＜参考文献＞
・井上崇通：消費者行動論〔第2版〕，同文舘出版，2018
・岡本伸之編著：観光経営学，朝倉書店，2013
・小平龍四郎：ESGはやわかり，日経BP日本経済新聞出版本部，2021
・スタブロブックス編著：ローカルクリエーター―　これからの地方をつくるのは「きみたち」だ―，スタブロブックス，2021
・田中淳一：地域の課題を解決するクリエイティブディレクション術，宣伝会議，2022
・武政大貴（著），タナベ経営「経営の見える化」コンサルティングチーム（編集）：真の「見える化」が生産性を変える，ダイヤモンド社，2020
・中野崇：マーケティングリサーチとデータ分析の基本，すばる舎，2018
・日本経済新聞出版社編：SDGs，ESG社会を良くする投資，日本経済新聞出版，2019
・野中郁次郎，勝見明：共感経営―「物語り戦略」で輝く現場―，日本経済新聞出版，2020
・野中郁次郎編著：共感が未来をつくる―ソーシャルイノベーションの実践知―，千倉書房，2021
・村山慶輔：観光再生―サステナブルな地域をつくる28のキーワード―，プレジデント社，2020
・早稲田インバウンド・ビジネス戦略研究会（著），池上重輔（監修）：インバウンド・ビジネス戦略，日本経済新聞出版，2019
・山口一美，椎野信雄編：新版　はじめての国際観光学，創成社，2018

【第2章】
＜引用文献＞
1）千葉千枝子：観光学基礎〔第5版〕，JTB総合研究所，pp.101-124，2014

【第3章】
＜参考文献＞
・国土交通省：第6回（2015年度）全国幹線旅客純流動調査　幹線旅客流動の実態，2019
・国土交通省：空港経営改革の実現に向けて（空港運営のあり方に関する検討会報告書），2011
・国土交通省：交通政策白書，各年版
・国土交通省：国土交通白書，各年版
・国土交通省成長戦略会議：国土交通省成長戦略，2010
・マイボイスコム：航空会社の利用に関するアンケート調査（第4回），2021
・日本航空機開発協会：航空機関連データ　令和4年版，2022
・フィリップ・コトラー（恩藏直人訳）：コトラーのマーケティング・マネジメント ミレニアム版，ピアソン・エデュケーション，2001
・佐藤信之：図解入門業界研究 最新鉄道業界の動向とからくりがよ～くわかる本〔第3版〕，秀和システム，2016

133

引用・参考文献一覧

・林清編著：観光産業論，原書房，2015
・塩見英治，堀雅通，島川崇，小島克巳編著：観光交通ビジネス，成山堂書店，2017
・堀内重人：観光列車が旅を変えた　地域を拓く鉄道チャレンジの軌跡，交通新聞社，2016
・竹内正人，竹内利江，山田浩之編著：入門観光学〔改訂版〕，ミネルヴァ書房，2024
・橋爪智之：パリ―ウィーン間「夜行列車」14年ぶり復活の意義，東洋経済オンライン（2022年1月7日付）（https://toyokeizai.net/articles/-/499965）
・橋爪智之：衰退から一転，復活した欧州「夜行列車」最新事情，東洋経済オンライン（2023年11月25日付）（https://toyokeizai.net/articles/-/717099）

【第4章】
＜引用文献＞
1）後藤知美：旅館おかみの誕生，藤原書店，pp.21-31，2022.
＜参考文献＞
・吉田雅也：ホテルビジネス2023―パンデミックを越えて―，三恵社，2022

【第5章】
＜参考文献＞
・粟田房穂：新版　ディズニーリゾートの経済学，東洋経済新報社，2013
・オリエンタルランド：アニュアルレポート，各年版
・神田孝治編著：レジャーの空間，ナカニシヤ出版，2009
・貴多野乃武次：遊園地のマーケティング，遊時創造，1995
・綜合ユニコム：レジャーランド＆レクパーク総覧，綜合ユニコム，各年版
・千葉千枝子：レジャー・リゾートビジネスの基礎知識と将来展望，第一法規，2022
・中藤保則：遊園地の文化史，自由現代社，1984
・日本生産性本部：レジャー白書，生産性出版，各年版
・橋爪紳也：日本の遊園地，講談社，2000
・林清編著：観光産業論，原書房，2015
・速水健朗：都市と消費とディズニーの夢―ショッピングモーライゼーションの時代，角川書店，2012

【第6章】
＜引用文献＞
1）日本ブライダル文化振興協会：ブライダルコーディネーターテキスト　スタンダード，p.2，2020
＜参考文献＞
・厚生労働省：2022年人口動態統計の年間推移（https://www.mhlw.go.jp/toukei/saikin/hw/jinkou/kakutei22/），2023
・日本ブライダル文化振興協会：ブライダルコーディネーターテキスト　スタンダード，2020
・リクルートブライダル総研：結婚総合意識調査2020（https://souken.zexy.net/data/SG/msgi2020_release.pdf），2023
・リクルートブライダル総研：結婚総合意識調査2023（https://www.recruit.co.jp/newsroom/pressrelease/2023/1025_12702.html），2023

【第7章】
＜引用文献＞
1）アメリカ・マーケティング協会webサイト（https://www.ama.org/）
2）P.F.ドラッカー（上田惇生訳）：ドラッカー名著集⑬マネジメント［上］―課題，責任，実践，ダイヤモンド社，p.78，2008

引用・参考文献一覧

3) フィリップ・コトラー，ケビン・レーン・ケラー（恩蔵直人監修・月谷真紀訳）：コトラー＆ケラー
のマーケティング・マネジメント〔第12版〕，丸善出版，p.31，2014

【第8章】
＜引用文献＞
1) 山田忠雄他：新明解国語辞典〔第8版〕，三省堂，p.452，2020
2) 日本交通公社編著：観光地経営の視点と実践〔第2版〕，丸善出版，p.2，2019
3) 日本交通公社：旅行年報2018，p.198，2018
＜参考文献＞
・國學院大學地域マネジメント研究センター編：「観光まちづくり」のための地域の見方・調べ方・考え
　方，朝倉書店，2023
・亀山章監修：造園学概論，朝倉書店，2021
・羽田耕治編著：はじめてでもわかる！　自治体職員のための観光政策立案必携，第一法規，2020
・日本交通公社編著：観光地経営の視点と実践〔第2版〕，丸善出版，2019
・山下晋司編：観光の事典，朝倉書店，2019
・梅川智也編著：観光計画論1 理論と実践，原書房，2018
・宮田裕光：動物の計画能力「思考」の進化を探る，京都大学学術出版会，2014
・溝尾良隆編著：観光学の基礎，原書房，2009
・西村幸夫編著：観光まちづくり―まち自慢からはじまる地域マネジメント―，学芸出版社，2009
・鈴木忠義他：土木工学大系30 ケーススタディ―観光・レクリエーション計画―，彰国社，1984
・松本市：令和6年度～10年度松本市観光ビジョン，2024
・箱根町：第2次箱根町HOT21観光プラン基本計画，2018
・箱根町：第2次箱根町HOT21観光プラン実施計画，2020
・台東区：台東区新観光ビジョン，2010

【第9章】
＜引用文献＞
1) 日本交通公社編著：観光地経営の視点と実践〔第2版〕，丸善出版，p.5，2019
2) 観光立国推進閣僚会議：観光立国実現に向けたアクション・プログラム2015―「2000万人時代」早
　期実現への備えと地方創生への貢献，観光を日本の基幹産業へ―，2015
3) 日本交通公社webサイト「美しき日本　全国観光資源台帳」（https://tabi.jtb.or.jp/）
＜参考文献＞
・加護野忠男，吉村典久編著：1からの経営学〔第3版〕，碩学舎，2021
・日本交通公社編著：観光地経営の視点と実践，丸善出版，2013
・日本交通公社編著：観光地経営の視点と実践〔第2版〕，丸善出版，2019
・岡本伸之編著：観光経営学，朝倉書店，2013
・観光庁webサイト「観光地域づくり法人」（https://www.mlit.go.jp/kankocho/seisaku_seido/dmo/
　index.html）
・梶秀樹，和泉潤，山本佳世子編著：自然災害―減災・防災と復旧・復興への提言―，技報堂出版，2017
・内閣府：事業継続ガイドライン―あらゆる危機的事象を乗り越えるための戦略と対応―，2023

【第10章】
＜引用文献＞
1) 日本観光協会：観光事典，丸井工文社，p.41，1995
2) 香川眞編，日本国際観光学会監修：観光学大事典，木楽舎，p.125，2007

引用・参考文献一覧

<参考文献>
・進藤敦丸：観光行政と政策，明現社，1999
・UN Tourism web サイト（https://www.unwto.org/about-us）
・観光庁：平成 21 年版 観光白書，2009

【第 11 章】
<引用文献>
1）UNWTO, Recommendations on Accessible Tourism, 2013
2）観光庁：高齢の方・障害のある方などをお迎えするための接遇マニュアル，p.7，2018
<参考文献>
・ノースカロライナ州立大学 web サイト（https://design.ncsu.edu/research/center-for-universal-design/）
・観光庁：ユニバーサルツーリズムにおけるサービス提供に関する調査，2012
・観光庁：ユニバーサルツーリズム促進に向けた地域活動実態調査，2013
・国土交通省：観光のユニバーサルデザイン化 手引き集，2008
・国土交通省：公共交通事業者に向けた接遇ガイドライン，2018
・国土交通省：多様な食文化・食習慣を有する外国人客への対応マニュアル，2008
・観光庁：「令和元年度 訪日外国人旅行者の受入環境整備に関するアンケート」調査結果，2020
・兵庫県：ユニバーサルツーリズムの推進（https://web.pref.hyogo.lg.jp/sr16/utjourei.html）
・欧州委員会（European Commission）：Accessible Tourism（https://single-market-economy.ec.europa.eu/sectors/tourism/eu-funding-and-businesses/funded-projects/accessible-tourism_en）
・国連世界観光機関（UN Tourism）web サイト（https://www.unwto.org/archive/global/publication/unwto-recommendations-accessible-tourism-all）
・UNWTO：Manual on Accessible Tourism for All-Public-Private Partnerships and Good Practices, 2016
・観光庁：旅行業界のユニバーサルツーリズムへの取組拡大に向けて，2015
・European Government：European Parliament resolution of 25 March 2021 on establishing an EU strategy for sustainable tourism.
・FACT SHEET: 2022 National Travel and Tourism Strategy US Department of Commerce.

【第 12 章】
<引用文献>
1）国土交通省：平成 15 年度 国土交通白書，2004（https://www.mlit.go.jp/hakusyo/mlit/h15/hakusho/h16/html/F2021100.html）
2）観光庁観光立国推進閣僚会議：オーバーツーリズムの未然防止・抑制に向けた対策パッケージ，2023（https://www.mlit.go.jp/kankocho/content/810002893.pdf）
3）日本政府観光局：中国市場マーケティング戦略（https://www.jnto.go.jp/projects/overseas-promotion/marketing-strategy/china.html）
4）日本政府観光局：韓国市場マーケティング戦略（https://www.jnto.go.jp/projects/overseas-promotion/marketing-strategy/korea.html）
<参考文献>
・竹内正人，竹内利江，山田浩之編：入門観光学〔改訂版〕，ミネルヴァ書房，2024
・山口一美，椎野信雄編：新版 はじめての国際観光学―訪日外国人旅行者を迎えるために―，創成社，2018

索　引

■ あ ■

アウトバウンド　　1, 122
アクセシブルツーリズム
　　　　　　　　111, 114
アジア大交流時代　　129
アニメツーリズム　　130
アフター・ブライダル市場　66

■ い ■

板　長　　40
1.5 次会　　66
一般貸切旅客自動車運送事業
　　　　　　　　33
一般乗合旅客自動車運送事業
　　　　　　　　33
インクルーシブツーリズム
　　　　　　　　111
インハウス　　19
インバウンド　　1, 122

■ う―お ■

ウェルカムプラン 21　　124
ウォンツ　　72
エクスペリエンスエコノミー
　　　　　　　　73
エコツーリズム　　130
お伊勢参り　　17
オーバーツーリズム　97, 125
オープンスカイ政策　　125
女　将　　40

■ か ■

外資系ホテル　　42
カスタマー・リレーションシッ
　プ・マネジメント　75

貨物航空会社　　26
簡易宿所営業　　39
観　光　　1
観光インフラ　　94
観光基本法　　2, 18, 101
観光行政　　106
観光計画　　81, 94
観光財源　　95
観光資源　　94
観光施設　　86, 94
観光消費　　3
観光人材　　95
観光税　　3
観光政策　　101
観光組織　　95
観光地域づくり法人　　95
観光地経営　　93
観光地の経営状況　　87
観光地の特性　　86
観光庁　　107
観光白書　　108
観光ビジネス　　3
観光ビッグバン　　129
観光マーケティング　　71
観光立国推進基本計画　101
観光立国推進基本法
　　　　　　2, 19, 101
官設鉄道　　29

■ き ■

企画切符　　32
企画旅行　　19
企業戦略　　5
企業の社会的責任　　6
企業理念　　6
喜賓会　　18, 123

共用空港　　26
拠点空港　　26
キリスト教会式結婚式　　63

■ く ■

熊野詣　　17
グランドツアー　　17
グローカル　　107

■ け ■

経営学　　5
下宿営業　　39
ゲストハウス　　67
結合需要　　34
健康ランド　　56

■ こ ■

広域連携 DMO　　96
航空運送事業　　23
航空業　　23
航空輸送　　24
高速ツアーバス　　35
購買決定要因　　8
合理的配慮　　118
高齢者，障害者等の移動等の
　　円滑化の促進に関する法律
　　　　　　　　116
ゴールデンルート　　27
顧客価値　　10
顧客ロイヤルティ　　74
国際観光　　120
国際航空運送事業　　23
国連世界観光機関　　107
心のバリアフリー　　117
輿入れ　　61
コトラー　　72

137

索　引

コミュニティホテル　42
コモディティ　74
コンシュルジュ　43
コンセッション方式　27

■　さ　■

サービス・エンカウンター　11
サイトシーイング　1
サステナブル・ツーリズム
　　　128
サプライヤー　13
三献の儀　61

■　し　■

事業継続計画　99
持続可能な観光　128
シティホテル　41
地味婚層　63
ジャパン・ツーリスト・ビュー
　ロー　18, 123
宿泊税　99
受注型企画旅行　19
障害者基本法　118
障害者権利条約　118
障がいの社会モデル　118
障害を理由とする差別の解消
　の推進に関する法律　118
蒸気機関車　29
新型コロナウイルス感染症
　　　19, 64
新幹線　29
神前式　61
人前式　63

■　す　■

水族館　54
スイッチングコスト　76
スーパー銭湯　56
スクリーンツーリズム　130
ステークホルダー　6
スポーツツーリズム　130

■　せ―そ　■

セグメンテーション　58, 78
接　遇　117
セレモニー・パーティー市場
　　　65
専門結婚式場　66
総合保養地域整備法　53
総支配人　43
ゾーニング　83, 88
組織行動　5

■　た　■

ターゲティング　58
ダイバーシティ・エクイティ
　＆インクルージョン　6
第三セクター方式　53
ダイナミックプライシング
　　　59, 78

■　ち　■

地域DMO　96
地域航空会社　25
地域連携DMO　96
地方管理空港　26
着　地　16

■　つ―と　■

追加投資　59
ツーリズム　1
妻問婚　61
テーマパーク　53
鉄道業　27
手配旅行　19
電気鉄道　29
動物園　54
トーマス・クック　17
ドライバー不足　35
ドラッカー　71

■　な―に　■

仲　居　40

永島式結婚式　62
7Ps　77, 78
ニーズ　72
日本旅行会　18
入山料　99
入湯税　99
入島料　99

■　は　■

パーパス　75
バカンス　2
博物館　55
博物館法　50
バケーション　2
派生需要　31
発　地　16
バリアフリー　116
バリアフリーツーリズム　111
晩婚化　69

■　ひ　■

日帰り温泉施設　56
ビジット・ジャパン・キャン
　ペーン　123
ビジネス航空　25
ビジネスホテル　42
美術館　55

■　ふ　■

フードツーリズム　130
ブティックホテル　42
ブライダルコーディネーター
　　　70
ブライダル産業　61
ブランド　74
フリークエント・ゲスト・プ
　ログラム　76
フリークエント・フライヤー
　ズ・プログラム　76
フルサービスキャリア　25
プレ・ブライダル市場　65
プロトコール　42

■ へ ■

プロパティーマネジメントシステム	44
プロモーション	79

■ へ ■

平和産業	2
ベネフィット	5, 9
ヘルスセンター	56
ペルソナ設計	78

■ ほ ■

訪日観光交流倍増計画	124
ホールセール	19
ホールセラー	20
ホカンス	42
ポジショニングマップ	78
募集型企画旅行	19
ホスト・コミュニティ	128
ホスピタリティ	16, 46
本源的需要	31

■ ま ■

マーケティング	71
マーケティング環境分析	77
マーケティング・フレームワーク	76
マーケティング・ミックス	77, 78
まちづくり	89

■ み―め ■

見合婚	61
南新助	18
ミレニアム婚	63
無形財	9

婚取婚	61
メディカルツーリズム	130

■ ゆ ■

遊園地	52
有形財	9
ユニバーサルツーリズム	111
ユニバーサルデザイン	113, 115

■ よ ■

嫁入婚	61
4Ps	77, 78

■ ら ■

ライフスタイルホテル	42
ライフタイムバリュー	76
ラグジュアリートラベル・マーケット	11
ランドオペレーター	19

■ り ■

離婚率	69
リゾート	2
リゾートホテル	41
リテーラー	20
リピーター	58, 98
料理長	40
旅客自動車運送事業	32
旅客輸送	24
旅館業法	39
旅館・ホテル営業	39
旅行業	13
リレーションシップ・マーケティング	75

■ れ ■

レクリエーション	2
レジャー	49

■ わ ■

ワーケーション	43

■ 欧 文 ■

ADA 法	114
BCP	99
corporate philosophy	6
CSR	6
DE&I	6
DMO	20, 95
ESG	128
F&B コントローラー	46
FSC	25
JNTO	108
JR	29
JTB	18
KPI	96
LCC	19
MaaS	36
MICE	42
mission statement	6
PDCA サイクル	7
PMS	43
PRI	128
SDGs	106
STP	77
UN Tourism	107
Welcome Society	123
WOW ストーリー	76

〔編著者〕   （執筆分担）

千葉千枝子　　淑徳大学経営学部　教授　　　　序章，第2章，終章

〔著　者〕（五十音順）

朝倉はるみ　　淑徳大学経営学部　教授　　　　第3章2，第9章

小熊　　仁　　高崎経済大学地域政策学部　教授　　第3章3

金　　世煥　　淑徳大学経営学部　教授　　　　第1章，第12章

黒羽　義典　　淑徳大学経営学部　准教授　　　第5章

齊藤　　彰　　埼玉女子短期大学　准教授　　　第6章

白井　昭彦　　淑徳大学経営学部　准教授　　　第3章1，第11章

全　　相鎭　　帝京平成大学人文社会学部　講師　　第10章1

永井　恵一　　淑徳大学経営学部　准教授　　　第10章2

堀木　美告　　國學院大學観光まちづくり学部　教授　　第8章

吉田　雅也　　淑徳大学経営学部　教授　　　　第4章，第7章

　　　コラム①②執筆：岩村沢也（淑徳大学経営学部　教授）

観光経営学入門

2024 年（令和 6 年）9 月 10 日　初版発行

編 著 者　　千 葉 千 枝 子
発 行 者　　筑 紫 和 男
発 行 所　　株式会社 建 帛 社
　　　　　　　　KENPAKUSHA

〒 112-0011　東京都文京区千石 4 丁目 2 番 15 号
　　　　　電 話　（03）3944-2611
　　　　　FAX　（03）3946-4377
　　　　　https://www.kenpakusha.co.jp/

ISBN 978-4-7679-4800-3　C3034　　　　　　　　教文堂／愛千製本所
©千葉千枝子ほか, 2024. Printed in Japan.
（定価はカバーに表示してあります）

本書の複製権・翻訳権・上映権・公衆送信権等は株式会社建帛社が保有します。
JCOPY〈出版者著作権管理機構　委託出版物〉
本書の無断複製は著作権法上での例外を除き禁じられています。複製される
場合は，そのつど事前に，出版者著作権管理機構（TEL 03-5244-5088,
FAX 03-5244-5089, e-mail : info@jcopy.or.jp）の許諾を得て下さい。